海外调研集萃

Overseas Research Collection

第2辑

中国社会科学院世界经济与政治研究所／
中国社会科学院国家全球战略智库

主　编／邹治波　赵远良
副主编／邵　峰　张　淼

中国学者观世界（2022年）
Chinese Scholars' View of the World

中国社会科学出版社

图书在版编目（CIP）数据

海外调研集萃. 第2辑 / 邹治波，赵远良主编. —北京：中国社会科学出版社，2022.6

（中国学者观世界）

ISBN 978 - 7 - 5203 - 8361 - 5

Ⅰ. ①海…　Ⅱ. ①邹…②赵…　Ⅲ. ①世界经济—研究②国际政治—研究　Ⅳ. ①F112②D50

中国版本图书馆 CIP 数据核字（2022）第 101320 号

出 版 人　赵剑英
责任编辑　范晨星
责任校对　夏慧萍
责任印制　王　超

出　　版　中国社会科学出版社
社　　址　北京鼓楼西大街甲 158 号
邮　　编　100720
网　　址　http://www.csspw.cn
发 行 部　010 - 84083685
门 市 部　010 - 84029450
经　　销　新华书店及其他书店

印　　刷　北京明恒达印务有限公司
装　　订　廊坊市广阳区广增装订厂
版　　次　2022 年 6 月第 1 版
印　　次　2022 年 6 月第 1 次印刷

开　　本　710 × 1000　1/16
印　　张　10.5
插　　页　2
字　　数　138 千字
定　　价　58.00 元

目　录

海外疫情观察

全球治理调研与分析

序　言

2020年8月24日，习近平总书记在中南海主持召开经济社会领域专家座谈会时，要求广大理论工作者要“从国情出发，从中国实践中来、到中国实践中去，把论文写在祖国大地上，使理论和政策创新符合中国实际、具有中国特色”。习近平总书记的这一指示要求，为新时代科研工作指明了方向。

当前，从世界发展进程看，我们正面临“百年未有之大变局”，从中国历史演进看，我们正处在国家崛起、民族复兴的关键阶段。在这个历史特殊阶段，无论是从外部环境和内部发展看，我们都面临前所未有的困难和挑战。作为从事哲学社会科学研究的学者，我们应将新时期中国发展面临的重大理论和现实问题作为主要研究对象，为国家的发展建设提供智力、智慧。“穷理以致其知，反躬以践其实”，作为学者，在注重理论研究的同时，应加大实践调研力度，使理论与实践很好地结合起来，使研究成果能真正落地有效。“海外调研集萃”就是一本将社科理论与实践相结合的研究文萃，希望它能为这一目标做出贡献，真正“把论文写在祖国大地上”。

世界正处于百年未有之大变局，这是我们制定国家发展战略、政策的重要参照。许多学者从世界格局、技术产业、社会模式等维度解读“百年未有之大变局”，但如果从人类历史发展整体看，当下我们所面临的“变局”其维度和宽度将更广。

从传统意义或狭义的层面看，“百年未有之大变局”有三个维度。一是大国力量对比之变，这是世界战略格局变化的主体。第二次世界大战后，世界形成了美苏“两极”格局，这一格局一直延续到20世纪90年代初冷战的结束。苏联解体后，美国没有了与之匹敌的战略对手，其政治、军事、经济、科技等实力和世界影响力一度达到顶峰，世界形成了“一超多强”格局。但是，美国很快就犯了一个霸权国家所习惯犯的战略错误——战略肆意扩张，连续发动阿富汗战争和伊拉克战争，这大大耗损了其软硬实力，再加之2008年金融危机的打击，美国实力呈相对衰落之势，“一超多强”格局也随之逐渐弱化，目前世界正在向未来一个新的战略格局演变。

二是东西方力量对比之变。自哥伦布发现新大陆、世界成为一个真正的一体化世界以来，国际政治、经济格局和秩序始终为西方国家所主导和控制。进入21世纪以后，西方国家的经济发展和社会治理进入困境，其内嵌的教条民主制度、过度福利制度和逆向人口结构发展这三大结构性问题，将使西方无法从困境中自拔并继续衰落下去。与此同时，以中国、印度为代表的新兴经济体却呈崛起之势，逐渐缩小与西方大国的实力差距，东西方力量对比将向对等、平衡方向发展，最终形成东西方力量对比历史性逆转局面，这是人类历史上从未有过的变局。

三是文明中心转移。伴随着经济中心从欧美向东亚转移，世界文明中心也将从欧美向东亚转移，儒家文明将从历史沉沦中实现复兴。被西方誉为“20世纪最伟大历史学家”的英国历史学家汤因比，在研究考察了世界上26个社会文明后，提出解决世界未来出路的结论：最有资格和最有可能为人类社会开创出路的是中国，中国文明将为未来世界转型和21世纪人类社会提供文化宝藏和思想资源。这是历史之变局。

以上三个维度还属于狭义层面，若从人类历史发展更宽视野、更广角度即广义层面理解，还有两个方面的内容：一是人类思想、观念、人性之变。技术带来生活方式的改变，比如，人们越来越多采用线上、快捷、虚拟方式进行联系，由此导致相互关系、情感的巨大变化，如恋爱、婚姻等观念和形态的颠覆性变化，人类越来越趋向成为机器人。又如，战争形态从冷兵器、热兵器时代敌对双方的直面、可见战争，到现代的非直面、无接触战争。二是人类生存环境之变。技术飞跃发展和人类资源消耗剧增带来的环境改变，使人类生存环境堪忧。气候变化带来的南极、北冰洋冰川正在快速融化，海平面上升加快，一些岛屿居民已经或正在搬离居住岛屿。极端天气频现，高温天气不断刷新历史纪录。据统计，近 10 年是历史最热的年份，南北极冰川融化速度 10 年内增加 6 倍，大气中碳浓度持续升高且加速已超过 400ppm。许多人特别是“70 后”的人都会有此种感觉：三四十年来，周边环境发生了巨变。

当前，我们正经历自第二次世界大战以来最严重的全球公共卫生事件——新冠肺炎疫情。这场疫情将对世界政治、经济带来重大影响，也使世界面临一个不稳定和不确定的未来。在这个历史发展的关键时刻，我们如何选择将决定我们的未来。

第一，全球化：回摆逆转还是继续深化。疫情中，人们对疫情对全球化的影响存在一些悲观的看法。的确，全球化给这次疫情带来了一定负面效应，全球化下的人员自由流动、国界的开放性等因素造成或加剧了疫情的广泛传播以及疫情的“全球化”。全球化下的精细化产业分工，使一些国家在疫情中出现防疫物资短缺、断供情况。但这次疫情毕竟是人类历史演进中的一个事件而已，不可能超越历史发展规律，也不可能逆转历史发展方向。影响和推动历史发展的根本因素是生产力及其生产方式的发展。自 15 世纪末哥伦布发现新大陆后，全球化时代就已经开始。前三次科技革命特别是第三次科技革命即电子和信息革命，使世界各国联系越来越频繁、关系越来越深入，共同体意识越来越强，逐渐形成一个利益和关系相互交织的共同体。

当前，第四次科技革命正在到来，以人工智能、量子信息、新能源、现代生物等技术为主的全新技术革命，最终推动实现万物互联，使人类社会从人与人、人与社会到国家与国家之间的关系越来越紧密，人类社会越来越形成一个利益、责任、命运的共同体。新冠肺炎疫情虽可能会使全球化出现某种程度的回摆，但不会改变全球化继续发展的大势，特别是随着第四次科技革命的即将到来，全球化必将走出低谷，重新回归正途并加快发展进程。

第二，国际政治：分裂对抗还是团结合作。这次疫情对世界是一个重创，造成民众生命、财产的损失，对各国经济、社会的打击。在经历重大危机后，人们从中汲取什么样的经验教训，从而更好地引导世界的继续发展，这是考验各国政治智慧的重大问题。

当前，对疫情的态度和应对存在重大分歧：一种态度是疫情不分国界、种族，造成对全世界的影响，世界各国只有团结合作、共同应对，才能战胜疫情，这充分体现了“一荣俱荣、一损俱损”的利益格局、命运格局。疫情后经济社会的恢复，也只有依靠世界的团结与协作。另一种态度和做法是：自私与对抗，不断指责他国、向对方“甩锅”，在疫情中和疫情后，仍然奉行“本国优先”政策，采取单边主义、霸凌主义，对世界和他国采取利己主义和不负责任态度。一个分裂的、对抗的世界，将最终损害自己和世界各国的利益。

第三，世界经济：闭关保护还是开放共荣。世界历史表明，每次世界出现重大危机，一些国家往往都采取贸易保护主义。20 世纪 30 年代大萧条如此，2008 年国际金融危机也是如此。这次疫情后，一些国家也会采取保护主义，采取贸易、投资、产业、金融一些限制甚至禁止措施，这会对世界经济发展形成重大障碍。现在，在国家和区域层面，出现了产业链本地化、区域化趋势，但不应由此导致经济的封闭和保护主义，而应顺应时代发展大势，推进并适当改善全球化发展的方向、目标、方式，推动全球范围内的经济合作与发展，建立一个联通、普惠、共荣的世界。

第四，多边体制：抵制萎缩还是共守维护。作为重要大国，特朗普政府近年来接连退出一系列政治、安全、经济、社会、文化国际条约和国际组织，现在又决定退出世界卫生组织（WHO）并威胁要退出世界贸易组织（WTO）等重要国际组织，这对多边体制、国际合作带来严重冲击。目前，国际秩序面临自第二次世界大战以来最大危机，国际社会面临失序危险。

毋庸讳言，第二次世界大战后建立的国际秩序还存在许多缺陷，但总体上维护了世界的和平与发展，其存在的缺陷应随着世界格局和形势的变化得到不断调整、完善，而不应将其抛弃或另建一套。国际社会应凝聚共识，共同维护以联合国为核心的国际体系，维护现有国际秩序。

在世界进入百年未有之大变局和面临第二次世界大战后最大公共卫生危机之时，加强全球治理是解决世界之困的出路。全球治理攸关全球性问题的处理与解决，攸关世界格局和国际秩序的演变与塑造，攸关世界的和平与发展。特别是在当下历史格局和形势发展特殊阶段，全球治理应发挥其特殊作用。全球治理应侧重于在以下两个方面发力：一是把握好新时期全球治理的方向和目标。致力于维护多边主义，加快国际机制改革，推进区域经济一体化以推动经济全球化，加大对发展中国家的支持和帮助，加强环境保护；二是建构和完善全球治理的平台和机制。对作为首要全球治理平台的二十国集团（G20）进行新的调整，建立“五个常任理事国”（P5）首脑峰会机制。在政治安全上，有效推进以安理会改革为中心的联合国改革，并建立安全新领域诸如网络、外空、极地等国际公约谈判机制。经济贸易上，加快世界贸易组织（WTO）、国际货币基金组织（IMF）等经贸机构的改革，支持并推动新的多边经贸机制的发展，将旨在推进全球互联互通的“一带一路”建设全球化。针对这次应对新冠肺炎疫情暴露出的机制和能力的不足问题，应针对性加强全球公共卫生治理。

国际形势的重大变化也对中国推动“一带一路”建设带来重要影响：一是周边国家在中国发展战略中的地位上升，周边外交成为中国外交重中之重，中国将与周边国家的合作置于首要位置，致力于构建和平稳定与发展繁荣的周边环境；二是新冠肺炎疫情下，区域产业链、供应链建设更加重要，中国与周边国家在产业链、供应链上的合作更加紧密，中国对周边国家的投资、经贸等合作力度会得到提升；三是“一带一路”从“大写意”到“工笔画”，中国更加重视“一带一路”建设的成效，有的放矢、重点突出，重视可持续发展、绿色建设、民生建设。虽然新冠肺炎疫情给“一带一路”建设带来包括工程实施、供应链、投资、金融等方面的冲击，但中国推进“一带一路”建设的决心和政策不会改变，而是在新格局、新形势下致力于推动“一带一路”更高质量的建设。

（执笔人：邹治波）

“一带一路”调研与分析

如何绘制“一带一路”的“工笔画”

——土耳其和以色列调研体会

本文要点：土耳其和以色列是“一带一路”沿线的重要国家。本文详述了两国参与“一带一路”的基本情况、两国智库对“一带一路”的看法及中资企业在建设中面临的问题，并针对企业存在的问题提出了政策建议：一是充分发挥整体优势提升企业国际竞争力；二是对“一带一路”统一布局和精细规划，提高建设效率和效费比；三是推动管理观念与机制的国际化、金融机构的商业化、企业的属地化，提高我国企业的国际化水准；四是发挥我国企业在以色列的经营作用，为我国企业进军欧洲市场做好准备。

土耳其和以色列地处亚、欧、非三大洲的交界处，是“一带一路”倡议向各大洲延伸的关节点，在设施联通、贸易畅通等方面具有关键性作用。除地理位置的重要性外，**这两个国家在“一带一路”沿线的国家中具有政治代表性和经济代表性**。近期，中国社会科学院世界经济与政治研究所出访团队对土耳其和以色列进行了调研，走访了安卡拉、伊斯坦布尔、特拉维夫三个城市，调研活动共计12场。本次调研和访谈主要聚焦土以两国参与“一带一路”建设的基本情况、土以两国智库对“一带一路”倡议的看法以及中资企业在“一带一路”建设中面临的问题和诉求等议题。

一　土耳其和以色列参与“一带一路”建设的基本情况

近年来，中土政治关系快速发展，土耳其成为共建“一带一路”的重要伙伴。2015年11月，中土双方签署政府间共同推进“一带一路”建设谅解备忘录。当前，中国和土耳其正在加快共建“一带一路”倡议和“中间走廊”计划的对接，稳步推进贸易、投资、科技、能源、基础设施及重大项目合作，同时积极开展中小型惠民项目合作，继续扩大人文交流和旅游合作。2018年，中国在土耳其签署工程承包合同额为11.6亿美元，同比增长39.6%。截至2018年年底，我国在土耳其累计签订工程承包合同总额为200亿美元，完成营业额144.9亿美元。目前，中资企业在土耳其参与建设的“一带一路”项目包括伊斯坦布尔昆波码头项目、中国天辰卡赞天然碱综合开发项目、中国中车土耳其合资工厂项目等。

以色列对“一带一路”倡议秉持欢迎和支持的态度，参与建设的意愿强烈。2017年3月，以色列总理内塔尼亚胡对中国进行正式访问，在与中国领导人会见时明确表示，以方愿积极参与“一带一路”框架下基础设施等合作，但两国目前还未签署政府间正式合作文件（备忘录）。近年来，中国企业在以色列的承包工程市场从零起步，发展迅猛，主要项目包括以色列轻轨项目、阿什杜德新港项目、海法新港项目等。

从总体的推进情况来看，**中资企业在两国都有港口、地铁等多个项目在进行过程中**。这些项目金额巨大，主要的合作对象是对方政府而不是企业，一些项目既取得了很大的成功，也在当地形成了较好的口碑，一些中资企业特别是国有企业已经在土耳其和以色列打出了品牌，并通过两国市场逐渐辐射亚欧地区的多个国家，打开了周边国家的市场。

二　两国智库如何看待“一带一路”倡议

参与“一带一路”合作存在巨大的潜在价值空间。“一带一路”倡议的广阔覆盖范围和国别灵活性是其与现有国际合作框架的主要区别。土耳其和以色列的两国政府和民间对“一带一路”倡议带动经济发展存有良好的愿景。这些期望意味着，“一带一路”倡议能成为良好的全球公共产品，给各国经济发展带来机会，服务于全球经济增长和共同繁荣目标。

土耳其和以色列对“一带一路”倡议存在一些疑虑，其中既有主观因素也有客观因素，既有内部顾虑也有外部影响。其一，具有大国情怀的土耳其在实践层面希望借助与中国开展“一带一路”合作以实施其地缘战略，借助相关合作享受发展实惠；同时在感情上，土耳其对中国崛起及其在世界舞台上逐渐发挥的影响力存在保守心态，在具体合作上受到本国保护主义、民族主义的影响。其二，两国对中国的外交战略存在疑虑，对“一带一路”建设都有安全上的担心。其三，“一带一路”合作实施至今，尚未充分实现促进当地经济社会发展的效果。其四，“一带一路”倡议在沿线国家的推进受到来自美国的多方面干扰，既包括对沿线国家直接压制，也包括对“一带一路”建设进行抹黑，进而制造沿线国家的犹豫情绪。

为推进“一带一路”建设，让“一带一路”倡议更好地体现公共产品的属性，从而使其成为中国参与全球治理的有效工具，土耳其和以色列的智库人士认为，中国可以从两个方面着力：其一，**中高收入的“一带一路”沿线国家非常重视可持续发展，中国应重视对这些经验的积累和引进**，也应与这些国家进行开放式的合作。其二，**在适当的情况下，应将中国的基础技术积累和发展经验向中低收入的发展中国家转让**。相对而言，这些投入比直接的资金投入成本更低，且有利于塑造中国“负责任大国”的国际形象。

三　中资企业在“一带一路”建设中面临的问题

第一，中资企业面临东道国经济、政治、营商环境等诸多方面的障碍，具体表现为：一是汇率风险较高，企业面临利润无法汇回的风险。这一问题在土耳其较为突出。土耳其的一些建设—经营—转让（BOT）项目收入结算期较长，企业需要承担其里拉大幅贬值的风险。二是两国都存在不同程度的地区安全问题，这既影响企业投资决策和项目进度，也影响我国驻外工作人员的人身安全和企业人才的稳定性。三是规则制定偏向土耳其和以色列的本地企业，外方人员进入东道国劳动力市场的门槛较高。例如土耳其就要求外籍劳工和本地劳工雇佣比例要求为 1 ∶ 5。此外，两国均存在办理工作许可和工作签证手续烦琐、时间长等问题。

第二，国内融资服务未做到因地制宜、适应发展。中资企业在土耳其当地融资困难：一方面，中企在土耳其的项目一般为大型项目，当地的融资规模不够；另一方面，由于外企的身份，中资企业比当地企业更难获得当地的贷款。目前，虽然中国工商银行和中国银行都进驻了土耳其，但由于这两家银行对中资企业的支持还是基于国内项目的运营体系，审批周期长、利率高，同时囿于融资规模的限制，所以对当地中资企业的吸引力并不强。

基于这些原因，**在土耳其的中资企业虽然对国内融资有较大的诉求，但如果从国内融资也面临着一些问题**，主要表现为：一**是国内融资的规定或限制不能因地制宜**，在土耳其项目签约落地的难度大，这导致一些国内技术领先行业无法在土耳其打开市场。以新能源融资为例，2016 年土耳其电力市场开始推动新能源项目。由于土耳其电力是完全市场化的，国内金融机构认为这样的模式并不安全，没有国家层面保障。实际上，土耳其电力市场运行状况良好，这些项目主要由欧洲银行资助。中国在风电行业技术领先，但融资阻碍导致该行业并没有在土耳其新能源领域打开市场。**二是国内认证机构的认证业务未能适应国际市场需求进行相应调整，导致企业在项目投标中资质审核材料不符合当地标准。**

第三，中资企业存在国际经验和市场认知欠缺的问题。首先，与欧美、日韩等企业参与国际市场已有几十年的历史相比，我国企业走出国门参与国际市场竞争只有十年左右的时间，无论是对国际体制、法规、标准、环境的了解，还是对国际经验的积累都很欠缺，导致经常出现我国企业虽然在实力上占优，但在项目竞标时往往竞争不过欧美、日韩等企业的情况。其次，**市场理解力不足，未抓住市场机遇，挖掘有潜力的投资项目**。例如以色列的一些优质的高科技项目，由于错过开发初期和中期的投资机会，在项目后期，以方出于国家安全方面的考虑而拒绝中方投资。此外，由于没有统一的组织、协调和协作，中国企业在国外竞标时都是各自为政，甚至出现自己内部相互恶性竞争的局面。

四　中资企业参与“一带一路”建设的政策建议

第一，发挥整体优势，提升中资企业国际竞标能力。作为一个整体而言，中企在国际上是具有竞争优势的，其优势主要表现在三个方面：一是制度优势，即集中力量办大事的组织体制，这是我们有别于其他国家的体制特点和优势。针对不同行业和不同领域，我国可调动、组合不同的企业参与竞标，发挥中资企业的集团优势。二是我国企业本身具有强劲实力。经过四十多年的改革开放，我国的一些企业已具备很强的技术、装备、生产、建设能力和经验，特别是在基建和装备制造方面位居世界领先水平。三是国家资金雄厚。我国金融业总资产300万亿元人民币，其中银行业268万亿人民币，外汇储备余额3.1万亿美元，均居全球第一。

为此，我国应充分发挥制度、技术、资本等优势，形成集团优势参与国际竞标，提升中资企业的国际竞争力。**我们建议国家主管部门建立参与国际市场的竞标体制，从领域、任务分工、融资机制建立到竞标协调等，建立一整套竞标体制**。同时，把握好“内外有别”原则，即在内部统一调控，在国际上按商业化、市场规则运作，防止授人以柄。

第二，统一布局，各有侧重。在“一带一路”建设大潮中，目前我国有大量国企和私企走向国际市场参与各领域、各行业的竞标，但由于没有统一的布局和规划，中资企业在国外的竞标、建设过程中显得有些凌乱无序，这不仅影响到企业的中标概率，也严重影响了企业的利润空间。

“一带一路”建设已从“大手笔”进入“工笔画”阶段，需要对“一带一路”建设进行统一布局和精细规划，提高“一带一

路”建设效率和效费比。为此，建议确定“一带一路”建设的重点国家、重点领域和重点项目，**形成“重点突出、有序推进，以点连线、以线带面”的合理建设布局**，并按照各国国情、环境的不同，采取因国施策、有所侧重的投竞标和建设方式，提高我国企业参与国际竞标和项目建设的成效。

第三，提高我国企业的国际化水准。与欧美、日韩等企业相比，中国企业国际化水平还有很大的发展空间，**建议推动实现管理和机制的“三化”：其一，管理观念、机制的国际化**。要虚心学习国际理念、经验，创新性地制定一套适合中资企业在国外运行的国际化管理机制、办法，不能将国内现行的办法应用于国外管理，这已不适应我国企业参与国际竞争的现实环境。**其二，金融机构的商业化**。我国金融资本强大，但并未按商业化模式运营，这导致我国企业在竞标时因国内融资门槛高、决策时间长等因素，而无法利用雄厚资本参与项目竞标，这极大影响了我国企业的竞争能力。**其三，企业的属地化**。随着“一带一路”建设的深入推进和我国企业大量“走出去”，企业的属地化问题日益突出，这也是提升我国企业国际竞争力的必由之路。**企业属地化包括人力资源及其管理的属地化、企业文化与所在国融合的属地化和企业承担社会责任的属地化**。企业属地化不仅能使企业适应所在国的环境在当地可持续发展，而且也能减少经营成本，获得较大的经济效益。

第四，发挥我国在以色列经营的优势，为进入欧洲市场做准备。经过第二次世界大战后一段时间的高峰期建设，目前欧洲的基础设施已经老化，到了需要维护、整修和重建的阶段，这对于拥有强大基建能力的我国企业而言是一个重大机遇。目前，我国企业主要在发展中国家投资建设，很难在欧洲等发达国家中拿到项目、开展业务，其主要原因除了欧洲在政治上对我国仍有防范外，企业的国际化水平较低也是一个重要原因。鉴于以色列的特殊地位和优势，建议我国企业可把以色列作为进入欧洲市场的基地和跳板。

以色列可以为我国企业进军欧洲发挥市场锻炼、业务培训的作用，其基地和跳板的作用主要表现为：一是以色列是西方国家一员，其体制（政治制度、法律体系等）、机制、标准等完全与欧洲相同，我国企业若在以色列培养好能力、适应以色列发展环境，就能具备进入欧洲的能力；二是以色列几乎是唯一对中国开放、无任何歧视的西方国家，中国企业在以色列享有同西方国家企业一样的待遇；三是以色列是一个政治稳定，制度与法规健全，经济平稳发展的国家，企业通常担心的政治、社会、经济、金融四大风险较小；四是中国企业若能在以色列经营好、打造好形象，就能在西方世界树立品牌，同时，还可借助他们的全球商业网络，将中资企业的品牌推向全世界，获得良好的广告效应；五是以色列地处地中海东岸，与欧洲近在咫尺，在地理上比较容易进入欧洲市场。

（中国社会科学院世界经济与政治研究所副所长、研究员　邹治波
中国社会科学院世界经济与政治研究所副研究员　宋　锦
中国社会科学院世界经济与政治研究所副研究员　熊爱宗
中国社会科学院世界经济与政治研究所助理研究员　周伊敏）

中国企业投资欧盟面临的问题与建议

——赴比利时学术访问总结

本文要点：社会制度和意识形态差异是限制中国企业投资欧盟的最大障碍。不仅针对国有企业，即使是来自中国民营企业的投资，尤其对自己敏感领域的投资，欧盟国家也同样持严谨且审慎的态度。新冠肺炎疫情暴发以来，欧盟各国对来自中国的投资实施更加严格的限制政策。在此敏感时期，不宜强调和鼓励国内企业对西方发达国家敏感领域的大规模投资；那些坚持“走出去”的国内企业，为了国家和中国企业整体的长远利益出发，也应在海外投资过程中尽量保持格外谨慎和低调的姿态。

自2019年11月中旬起，笔者前往比利时荷语布鲁塞尔自由大学（VUB）进行为期一个月的学术访问，就中国在比利时以及整个欧盟地区的投资状况和面临的主要问题，进行了较为广泛的学术交流与企业调研，对中国的投资现状有了更直观的了解，对面临的问题和发展前景有了更深入的认识。归国后，由于新冠肺炎疫情在全球的蔓延，使得中国企业对外投资所面临的形势风云突变，促使笔者对数月前的学术访问有了进一步的反思与总结。

一　中国企业在欧盟投资面临的问题

（一）欧洲学者对中国国有企业的投资心存芥蒂

在访问比利时期间，适逢我国民营企业河北敬业钢铁集团对英国钢铁公司的收购活动。根据英国广播公司（BBC）消息，当时中国河北敬业集团将以7000万英镑收购这家在英国行业排名第二的钢铁企业，并已达成协议。中方承诺，并购完成后，英国钢铁公司不仅不会裁员，而且还将扩大在英国的生产。2019年5月英国钢铁公司宣布破产后，由于中国企业的收购方案，不仅避免了英国这家企业4000名员工的失业，而且也保住了上下游链条两万多人的饭碗。故此，按照BBC评论，该桩并购案有益于当地的就业及英国的经济发展。

但是，一些比利时学者指出，这家企业与河北钢铁集团有千丝万缕的关系，而后者则由唐钢集团和邯钢集团合并而成，无论唐钢、邯钢乃至河北钢铁集团，均属大型国有企业。在比利时学者看来，**他们既反对国际投资中的保护主义，也不支持中国国有企业在欧洲的投资，这是不同性质的两回事**。这些学者认为，虽然从短期看，中国企业投资有利于促进欧盟地区的经济增长、增加东道国就业，但从长远看，中国企业特别是国有企业对欧盟拥有先进技术的电子等高端产业的投资，将对欧盟政治和经济产生不利影响。

（二）社会制度的差异是阻碍中国在欧盟投资的最大阻力

比利时学者的忧虑，其实只是欧盟社会各阶层对中国投资欲拒还迎矛盾心理的一个缩影。这种矛盾心理的根源，主要还是政治因素所致。在与多方人士交流过程中，无论是比利时学者，还是中资企业管理人员，他们对中国在比利时乃至整个欧盟地区的投资的看法，都表现出社会制度与意识形态差异所产生的阻滞作用。

这种差异的阻滞作用如果仅限于来自中国国有企业的投资尚可理解，但它实际上同样作用于中国民营企业的投资。这也反映出中国在发达国家投资的困难境地。例如，比利时曾有一家希望寻找投资合作伙伴的智能机器人企业，当得知并购方是一家来自中国的民营企业时，这家比利时企业以及背后的官方相关机构都表达了拒绝合作谈判之意。

事实上，中国企业在比利时等国的投资，也确实都是企业自主决定的，是市场行为所致。中国企业的海外投资，除了大型投资按照规定需要到商务部等国内主管机构备案外，其他投资无须政府驱动与批准。但十分遗憾，这种状况至今仍不被西方发达国家广泛认同。

（三）欧盟小型成员国受制于欧盟及美国的中资政策

比利时社会各界对中国投资存有疑虑，固然缘于该国的社会及文化价值观造成的误会和曲解这一重要因素，但也与欧盟乃至美国对中国企业海外投资的限制因素直接相关。

同笔者交流的中外人士都有这样一个相同的认识，类似荷、比、卢这样的经济规模小于德、英、法的欧洲发达国家，它们吸引中国企业投资的政策，特别是在敏感领域的外资政策，免不了要受欧盟的相关政策所左右。而欧盟的这一政策又不免要受美国对华政策的影响。

即使是比利时政府从刺激经济和保障就业的角度，对来自中国的投资在内心上是欢迎的，但**作为一个影响力比较小的成员国，比利时的国家政策不能不考虑与欧盟整体政策的协调**。2019 年 3 月，欧洲理事会通过了在欧盟层面设立外国直接投资审查框架的立法，提出欧盟成员国和欧盟委员会有权对涉及欧盟战略利益的外国投资进行调查并发表看法。该法案将从 2020 年 10 月正式实施。尽管比利时等各个成员国均有各自的外资审查机制，但该法案的出台，显然意味着**欧盟对各成员国的外资政策形成了某种规范与制约**。

另外，欧盟及其成员国的外资政策，特别是针对来自中国企业投资的政策，还与美国的相关政策有着一定程度的关联。广受世界关注的华为公司在比利时的手机与电信服务，实际上十分受该国社会大众的欢迎。**比利时是希望与华为进行 5G 方面的合作的，而面临阻力的关键，恰是欧盟和美国**。所有这些都显示出，即使是中国与某一欧盟成员国的投资关系，也往往涉及点与面的复杂关系。

（四）欧盟主要国家在关键领域的外资限制也将更加严格

新冠肺炎在全球的蔓延及对世界经济造成的巨大冲击，使得国际直接投资形势也将走向低迷，而**主要国家在关键领域的外资限制也将更加严格，以防止那些“现金为王”的外国跨国公司的大肆收购**。

欧盟各国中，法国是近年来吸引外资规模比较多的国家，但是，在能源、电信、运输、公共卫生以及国防等领域，对外资的进入一直采取比较严格的限制措施。近期法国政府不仅继续扩大外资并购的审查领域，而且对于来自非欧盟国家在法国投资的股权比例审批门槛，也由以往的 33% 下调至 25% 。

同样，作为制造业强国的德国，对跨国公司的投资一向具有极强的吸引力，是中国企业对外投资的重要目的地。因此，德国外资政策的变化，备受中外企业关注。德国政府宣布，为维护德国在医药及防护装备的公共卫生及能源、科技等关键领域的产业安全，保护这些领域的企业知识产权，对于来自欧盟以外的资本并购交易，将实施更加严格的审批政策。按照该政策，德国政府将有权在评估外资并购影响的同时，对相关并购计划予以冻结。

疫情十分严重、经济面临困境的意大利表示，对于发生在食品安全、公共卫生以及基础设施等关键领域的外资并购，将加强审查。无论外资来自何方，即使始自欧盟其他成员国对意大利的投资，只要被视为“恶意”的并购活动，政府都有权予以否决。**这也意味着非欧盟成员国联合欧盟内部的投资者的投资，意大利也将视情节决定批准与否**。

（五）对欧盟直接投资的社会风险同样在增加

对外直接投资的国家风险不仅限于东道国外资政策等方面的政治风险，也必须评估来自包括企业工会等民间组织以及社会治安等方面的社会风险的大小。事实上，由于国情的不同，中国企业家们往往不适应来自于东道国的工会组织、行业协会等方面的影响和干扰。例如，2019 年 12 月 5 日，法国遭遇了“黑色星期四”，在各大工会的组织下，发生了法国近 25 年来最大规模的罢工运动。全国有超过 200 场以上的示威游行，全国九成以上高铁停运，交通几乎全面瘫痪。实际上，在法国、德国、意大利这些**“老欧洲”国家中，工会力量十分强大，是中资企业实现正常经营活动必须认真应对的社会因素之一**。

同时，由于近年来进入欧盟地区的难民日益增多，抢劫等各种刑事犯罪频发，企业海外派出人员面临的人身安全问题同样不可忽视。在与当地中国商人进行交流时，很多人都表示，**如今欧盟地区的社会治安与 20 年前大不相同**。如何防范这些社会风险，同样是推动中国对欧洲投资健康发展中亟待解决的重要问题。

（六）新冠肺炎疫情增加了中国企业对欧洲投资的难度

尽管进入 21 世纪后中国对欧洲的投资增长迅速，但受国际环境和我国对外投资更重质量的政策调整等多重因素影响，**近一年来，中国对整个欧洲的投资明显减少**。例如，2019 年上半年，中国企业在欧洲投资与收购金额同比骤降 84%，仅为 24 亿美元。

新冠肺炎疫情的暴发使得中国对欧盟投资稳步发展的前景蒙上了一层新的厚重阴影。针对疫情蔓延后大量本土企业面临的艰难境地，欧盟成员国一方面在努力通过财政和金融等手段为企业纾困，另一方面，则是纷纷出台了有针对性的外资政策，限制外国企业在本土重要领域的并购活动。尽管不能说这些政策就一定是针对中国企业的，因为趋利性投资本身就是任何跨国公司的一大特性，但是作为对外投资日趋活跃的中国企业，受到更大的限制也是不言而喻的事情。

而且，由于新冠肺炎疫情在欧盟的蔓延以及一些欧美政客借机对中国进行“污名化”的因素，欧洲一些民众会对中国产生种种误解乃至不满情绪。因此，可以肯定，疫情的蔓延，使得中国企业对欧盟的投资面临更加严峻的形势。**从未来两三年的中短期时间看，对中国在欧盟乃至在全球的投资前景，应保持谨慎乐观的态度**。

二　促进中国对欧盟直接投资的思考与建议

第一，**坚持奉行互利共赢的投资合作原则**。在投资和贸易交往中，只有坚持互惠互利才能持续取得成功。例如，吉利汽车在收购了沃尔沃后，便通过沃尔沃又收购了比利时根特市的一个投资项目。投资后的吉利汽车不仅没有在当地裁员，也没有从国内派雇员，而是完全依靠当地人进行经营与管理。双方的合作不仅扩大了吉利在欧洲的市场影响，而且也帮助这家比利时企业生产的产品进入中国市场，实现了投资多方共赢局面，进而得到东道国社会各界的好评。

第二，**耐心地化解外方的误会与不满**。为中国海外投资服务的国内政府部门，特别是那些有志于海外投资的企业家们，最好要理解并奉行老子《道德经》主张的行为之道：知其雄，守其雌，为天下溪。既知强雄之道，又守雌柔之位，刚柔并济地追求事物的对立统一。此次疫情的蔓延，我们要以自己的善良和耐心，做好对外经贸投资中的沟通与说服工作，通过交流，尽最大可能地减少因中西方文化差异而引致的彼此间误解。须知**对中国经济和对外投资战略而言，惟韬光养晦，方能笃行致远**。

第三，**对因疫情而出现的投资机会保持理性认识**。在疫情特殊时期，确实一定有很多西方发达国家的企业陷于困难境地，而面临经济转型的中国经济，也需要通过投资引进外国的先进技术。但是，即使如此，在此敏感时期，从我们的角度考虑，**不应鼓励国内企业去抓这种特殊时期出现的投资机会而进行大量并购外国企业，从而给国际反华势力以“抹黑中国”的借口**。从中国国家形象和中国企业整体形象的大局出发，即使是外方情愿与中资合作，也建议中国企业家们持格外慎重的投资态度。中国商业界和投资界既应风物长宜放眼量，更要坚信长风破浪会有时。此时的中国企业正应“知雄守雌”。

第四，**强化“走出去”企业承担社会责任的行为规范**。客观地讲，作为国际政治经济影响力日益加大的第二大经济体，中国在国际社会中的国家形象还有非常大的改善空间。这是中西方文化的巨大差异、少数国人及企业在海外的不良表现和败德行为、新冠肺炎危机被反华势力的污名化等诸多复杂因素所致。我国政府和社会各界要不断地致力于对从事国际化经营企业的行为规范教育，要让它们从国家及中国企业的长远整体利益出发，**坚决合规经营，在海外必须承担一个合规企业所必须承担的社会责任，**

为不断提高中国及其企业的形象，尽企业自身应尽的责任。

尽管国际经济出现了所谓“去全球化”的呼声和势头，包括欧盟在内的一些国家也在加强对来自中国投资的针对性审查政策。但是，一方面，经济转型中的中国既需要来自国际的自然资源、技术和消费市场；另一方面，中国也为西方国家及其企业提供难以替代的完整的产业供应链，以及更加广阔的、消费层次更高的市场发展空间。因此，尽管**在未来两三年的中短期时段里，中国对外直接投资增长确实极有可能会受到较大的抑制，但从长期发展的角度，中国的对外投资依然有着广阔的发展空间**。

（中国社会科学院世界经济与政治研究所研究员　张金杰）

“一带一路”背景下的中国与巴西关系

——赴巴西参加“中国社会科学院海外中国研究中心系列讲座”项目感想

本文要点：“一带一路”倡议为推动中国与世界各国的经贸合作、促进所在国的经济发展起到了积极作用。巴西虽然与中国距离遥远，但在“一带一路”建设方面有着广泛的合作前景。海外孔子学院建设及“一带一路”倡议有力推进了巴西对中国的认识。此外，中国与巴西在金砖国家机制下的多领域合作使得巴西各界对中国的兴趣与日俱增，越来越多的巴西人特别是年轻一代热衷于学习汉语和中国文化，两国在文化领域的交流日益频繁。中国可以通过与巴西开展合作把影响力扩大到整个南美洲。

2019年10月，笔者赴巴西进行学术访问。其间，在中国社会科学院—巴西坎皮纳斯州立大学中国研究中心进行了一次学术讲座，并参加了在该大学举办的“第二届巴西中国研究研讨会”和“第三届当代中国研究年会”。

与此同时，笔者利用赴巴西出访的机会，就“‘一带一路’背景下的中巴关系”问题对巴西的知名学者进行了访谈。此外，笔者还了解了中国社会科学院海外中国中心在巴西的运作与影响、孔子学院在巴西两所大学的运作情况、巴西学者对中国的认识，以及金砖机制、“一带一路”提出后巴西与中国的联系强化的情况。

一　参加学术会议和举办学术讲座

巴西坎皮纳斯州立大学是巴西排名前三的大学，该校近年来发展迅速。作为一所1962年才成立的年轻公立大学，在教学和科研方面有较高的地位，有3万名学生，本科生与研究生之比达到1∶1，在巴西高校中名列第一。在英国国际高等教育资讯机构(Quacquarelli Symonds)公布的金砖大学排行榜中，巴西的坎皮纳斯州立大学已经超过圣保罗大学的排名，成为巴西最好的大学之一。

(一)第二届巴西中国研究研讨会

此次海外学术讲座，正值一年一度的“第二届巴西中国研究研讨会”和“第三届当代中国研究年会”在坎皮纳斯州立大学召开，两位中国学者的加入丰富了年会的学术交流内容，巴西的中国问题专家、智库学者和高等院校的教师、研究生以及圣保罗市的部分企业家、律师、官员等参加了会议。

首先，坎皮纳斯市府秘书长介绍了中巴经贸关系情况。坎皮纳斯市与中国福建福州建立了友好城市，习近平主席在福州工作期间积极推动了福建省与坎皮纳斯市的友好交流。这为巴西与中国在贸易、投资领域的友好合作打下了基础。

其次，比亚迪巴西公司的高管介绍了该公司在巴西的投资和运营经验，引起了与会人员的极大兴趣。在过去的5年中，比亚迪巴西公司在坎皮纳斯州政府的大力支持下，取得了较好的成绩，具体的合作成果有如下几个项目。

（1）2014年7月，比亚迪宣布在巴西投资设立首座电动大巴工厂，同时还将设立研发中心和原型车制造中心，该项投资约合9100万美元（人民币约5.6亿元）。这家工厂主要为电动大巴和铁电池模组组装工厂，同时也将成为比亚迪在拉美地区的研发中心，主要负责电动车、电池、智能电网、太阳能、LED等项目的研发。其中电动大巴的项目在2015年达到年产500—1000台大巴的产能。

（2）2017年4月，比亚迪巴西太阳能板厂和纯电动大巴底盘厂同时建成投产，这标志着比亚迪在巴西市场迈出具有里程碑意义的一步。

（3）2017年6月，比亚迪巴西有限公司与坎皮纳斯州立大学签署了建立研究中心的合作协议。根据协议要求，比亚迪巴西公司将在2020年前投资500万雷亚尔（约150万美元）用于太阳能产品的研究与开发。

（4）2018年，比亚迪中标巴西萨尔瓦多市轨道交通项目，投资合同金额近7亿美元。2019年2月，巴西巴伊亚州与比亚迪正式签署合同，将在巴西萨尔瓦多修建全球首条跨海云轨。萨尔瓦多云轨将用于替换已经运营100多年的铁路，工程将分为两期建设，一期约4.6公里，二期约15.4公里，预计分别在2020年年中和年底建成通车。

再次，鲁桐研究员做了题为“中国国有企业最新的改革进展”的学术讲座。她从国有经济和国有企业在中国经济中的重要作用、国企改革的历史回顾和近几年的改革成效以及国企改革面临的挑战三个方面，使用大量图表和数据，在理论研究和实践结合的基础上向巴西与会人员详细介绍了有关中国国企改革的情况。鲁桐研究员的发言引起了与会人员的极大兴趣。

最后，会议专门设立了“‘一带一路’倡议与中巴合作”的主题讨论，薛力研究员以“‘一带一路’新进展与中巴关系”为题进行了讲座。薛力研究员认为，中国“一带一路”倡议为推动中国与世界各国的经贸合作，促进所在国的经济发展起到了积极作用。**巴西虽然与中国距离遥远，但在“一带一路”合作方面有着广泛的合作前景**。近年来两国最高领导人的互访为中巴关系奠定了良好的合作基础。但两国间的合作也存在一些限制条件，可能影响到两国关系的深化与提升，对此双方应该设法应对。

二　关于“一带一路”的全球访谈

在过去的三年中，薛力研究员主持的“‘一带一路’六年评估全球访谈”项目，对亚洲、欧洲十多个国家的近 30 位精英（外交官、代表性学者与智库研究人员、政府官员、企业界人士）进行了一对一的学术访谈，了解他们对“一带一路”的具体看法，以及对下一步进行“一带一路”建设的建议。相关成果已经以学术论文、系列访谈、内部报告等多种方式应用，受到了同行与学者的普遍好评，认为这个系列特征鲜明、材料翔实，具有比较高的参考价值。

结合此次出访，笔者与巴西具有代表性的学者进行了一对一的学术访谈，深化了我们对巴西在“一带一路”建设中的角色与作用的认识。这里简要谈几点相关体会。

第一，**海外孔子学院建设、“一带一路”倡议等，有力增进了巴西对中国的认识**。两国政府、产业界、学界的联系明显加强，产生一批中国问题专家，吸引大批巴西青年一代学习汉语与了解中国，两国学界之间互动频密，带动一批中国企业在巴西落地生根，巴西对中国的贸易额大幅度提升。加强与中国的关系将会助力巴西强化其拉美与南方共同市场的领导国地位。

第二，针对“一带一路”倡议，受访学者均认为，这是中国经济外溢、提升中国全球影响力的有效途径，也**让东道国在投资、贸易、人文交流等方面实实在在受益，中国的做法与美国显著不同**。

第三，圣保罗州政府官员、比亚迪公司的巴西籍高管认为，**中国在移动支付、太阳能、锂电池等方面已经达到了全球领先水平**。后者以能在中国公司工作为荣，有的博士生则希望毕业后能从事与中国相关的研究。

第四，巴西研究中国的网络有300多位成员，包括资深学者、政府官员、企业界人士、青年学子。**巴西对中国的研究力量整体上要强于中国对巴西的研究力量**。巴西学者非常愿意与中国有更多的交流，甚至直接请求我们邀请他们访问中国、参加会议。

第五，巴西青年学生与研究人员对中国“21世纪海上丝绸之路”建设、海军发展、海外港口建设等进行了专门研究，并形成了自己的研究结论，但其**观点受欧美的影响依然比较大**，感性判断比较多。

三　拜访中国研究中心与孔子学院

（一）孔子学院

在出访期间，笔者拜访了巴西坎皮纳斯州立大学孔子学院，中方院长及其助手热情地接待了我们。2015年巴西坎皮纳斯州立大学孔子学院正式挂牌成立，这是巴西国内设立的第八家孔子学院。该所孔子学院是在中国国家汉办支持下，由北京交通大学与坎皮纳斯州立大学合作成立的。目前该孔子学院有各类学员 500 多名，开设的课程受到当地人的青睐，**越来越多的巴西人特别是年青一代热衷于学习汉语和中国文化**。

在里约热内卢，我们拜访了里约热内卢天主教大学孔子学院中方院长，根据他们的介绍，我们了解到，**中国与巴西在文化等各方面的交流越来越频繁**，巴西人非常热衷学习中国文化。英语在巴西并不普及，而且欧洲葡萄牙语与巴西的葡萄牙语也有不小的差异。来巴西教汉语的老师要能讲葡萄牙语，而葡萄牙语这几年才被中国许多高校纳入小语种培养计划，掌握葡萄牙语的成熟人才稀缺。这在一定程度上限制了中国向巴西各个高校特别是孔子学院选派教师的可选择性。但我们惊喜地看到，两所海外孔子学院老师在促进中巴友好关系方面各显所长，既传播了中华文化，也强化了两国的民间纽带。

（二）中国研究中心

中国社会科学院坎皮纳斯州立大学中国研究中心是 2019 年正式成立的机构。该中心的主任是巴西的德怀尔教授，他是一位资深社会学家。德怀尔教授先后到中国 20 多次，不仅参加学术活动，也深入到中国偏远乡村进行社会调查研究，尤其对中国的少数民族地区如云南、贵州等地有浓厚的研究兴趣。德怀尔教授及其研究团队与中国社会科学院进行了多种形式的学术交流活动，有过长久的合作。经过与德怀尔教授的交流和访谈，我们了解到，**随着中国与巴西在金砖国家机制下的多领域合作，巴西各界对中国的兴趣与日俱增**。可以说中国社会科学院坎皮纳斯州立大学中国研究中心的成立恰逢其时。

“巴西中国研究研讨会”和“当代中国研究年会”每年召开一次，在不同的大学和研究机构轮换举行。2019 年的会议在坎皮纳斯州立大学举办，中国社会科学院坎皮纳斯州立大学中国研究中心作为重要的组织参与者发挥了不可替代的作用。在过去的年会中，很少有中国学者参加，此次两位来自中国社会科学院学者的参会及发言给会议增加了不少的吸引力。

德怀尔教授认为，中国社会科学院是中国社会科学研究的前沿阵地，涉及社会科学研究的多学科和多领域，希望中国社会科学院海外研究中心发挥智库专家的优势，能够经常派学者来巴西交流。虽然葡萄牙语是巴西的官方语言，但英语的交流基本上没有障碍。**这次"中国社会科学院海外中国研究中心的学者讲座"是一次很好的尝试，取得了预期效果**。两位研究员的讲座涉及中国国有企业改革和"一带一路"倡议下的中巴关系，都是巴西人关注的话题，讲座传递了最新的信息，有助于巴西人了解中国。以后可以选择不同领域的学者进行类似的讲座。

（三）对海外中国研究中心的观察体会

中国社会科学院与海外学术机构联系频密，就机制性合作而言，院际合作协议的合作对象已经遍布全球数十个国家与地区，成为中国社会科学院这一国家级智囊与研究机构拓展全球影响力的一大品牌，众多院内研究人员受惠于此。

在海外设立实体机构是拓展海外影响力的另一尝试。近年来，中国社会科学院与海外一些国家的代表性学术机构合作，建设了一批海外中国研究中心，已知在日本、美国、欧洲都设立有实体，为院内研究人员在海外的研究、交流与生活进一步提供便利。

就巴西而言，中国社会科学院与坎皮纳斯大学合作成立的中国研究中心有自己的办公室，陈列有中文、葡萄牙文著作，也有一些艺术品。巴方主任德怀尔教授是巴西社会学会前任会长、知名的中国问题专家，多次造访中国，出版了许多研究中国问题的著作，并牵头成立了巴西中国研究网络，涵盖了巴西研究中国问题、对中国感兴趣的各界人士。"第二届巴西中国研究研讨会"和"第三届当代中国研究年会"也由德怀尔教授牵头举办。

德怀尔教授提到，原先巴西人主要关注欧洲与美国，对中国了解很少。随着中国实力的上升与国际影响力的扩大，巴西关注、研究中国问题的人越来越多。**金砖国家机制的成立给巴西官员和学者访问中国、研究中国提供了便利；“一带一路”则推动许多中国企业走向巴西**，让巴西人意识到中国在新能源汽车、电子支付等方面的先进水平，这对巴西人刺激不小，也激发了巴西人了解中国、研究中国的兴趣，许多硕士生、博士生愿意从事中国问题研究。

德怀尔教授还认为，中国社会科学院选择在坎皮纳斯大学成立中国研究中心，说明了对这个大学的重视。中国社会科学院可以利用自己的人才优势，推动巴西与中国的关系，特别是在学术研究方面。他也提到中国对巴西了解还不多。希望中国社会科学院在推动中国学界研究巴西方面发挥牵头作用，除了更多派遣本院研究人员到巴西访问外，还可以推动其他研究机构的人员访问巴西，开展合作研究、联合举办会议等。巴西是南美最大的国家，**中国可以通过与巴西开展合作把自己的影响力扩大到整个南美洲**。

（中国社会科学院世界经济与政治研究所研究员　鲁　桐
中国社会科学院世界经济与政治研究所研究员　薛　力）

海外投资企业的社会责任是“一带一路”倡议的重要组成部分

——赴巴西、阿根廷访问交流体会

本文要点：中国企业海外履行企业的社会责任刚刚起步，还存在着认识上和行动上的一些误区，而东道国严格的环境要求和强大的工会组织，也增加了企业履行社会责任的难度，同时也更凸显了履行社会责任的重要性。我国未来应该在完善海外投资企业环境保护的相关法律、通过企业社会责任投入抵御投资风险、鼓励私营企业积极参与履行企业的社会责任等方面多做工作，才能提高我国海外投资应对各种风险的能力，并积极融入当地社会，使“一带一路”倡议行稳致远。

经济全球化的深度发展，使海外投资企业履行社会责任成为各国政府、民间组织等利益相关方的重要关切，也是一个国家或企业软实力的重要体现。巴西是中国在拉美的最大投资和贸易国，中国企业在巴西履行企业的社会责任，能更好地融入当地的环境保护和社区建设，对中国企业的海外投资大有裨益。

按照中国社会科学院“智库丝路万里行”活动的部署，应巴西能源研究中心（里约）的邀请，智库丝路万里行“巴西、阿根廷和智利与中国的能源资源合作”课题组，于2019年10月31日至11月12日对巴西、阿根廷进行访问调研。其中11月2—6日在巴西访问，课题组先后拜访了巴西里约热内卢联邦大学经济研究所、国际电网巴西控股公司里约代表处、巴西能源研究中心（里约）等机构，就巴西经济发展状况、中国与巴西在经济和能源领域合作的现状、问题及发展方向等进行了交流。

一　企业的社会责任在海外开拓中的重要性逐步显现

企业的社会责任兴起于20世纪90年代，早期通常被认为是组织外活动，类似于创始人或有影响力的高级经理的个人偏好或慈善项目，而这些活动与核心组织活动没有任何实际关系。但近期的研究表明，企业的社会责任是一种管理理念，表现为公司在其业务运作和与利益相关者的互动中纳入社会和环境问题。一个正确实施的企业社会责任项目，可以带来各种竞争优势，如提升国家竞争力、增加资本和市场准入、增加销售和利润、节省运营成本、提高生产率和质量、提高品牌形象和声誉、提高客户忠诚度、高效的人力资源基础、更好的决策和风险管理流程等，有利于经济、环境和社会价值的完美结合。

目前国际上最主要的企业社会责任包括：一是注重环境保护，

减少碳排放以缓解气候变化；二是**改进员工政策**，支持公平贸易，更有能力吸引和留住员工；三是在社区内**从事慈善捐赠和志愿者工作**；四是**对社会和环境意识的提高进行投资**。

从国际上看，福布斯上榜企业中一半以上都履行了企业的社会责任，谷歌、沃尔特迪士尼、乐高、Natura 集团、诺和诺德、微软、博世、佳能、米其林和宜家等国际巨头，更是在社会责任声誉中排名靠前。更高的企业社会责任排名会导致更多的消费者支持行为，这将给品牌带来巨大的好处。如果一家公司在环境和社会上做了正确的事情，消费者就会觉得他们相信企业在所有情况下都能做正确的事情，增加消费者的信任度。

有研究表明，92% 的消费者对支持社会和环境问题的公司的形象认识比较正面，87% 的人会购买他们的产品，66% 的消费者愿意为那些致力于企业社会责任的公司支付额外费用，就是因为这些公司专注于他们关心的问题。甚至 63% 的公众愿意帮助对社会负责的企业度过危机。达顿大学和弗吉尼亚理工大学的研究认为，强烈的社会责任为防止丑闻提供了一个盾牌。当一家公司的企业社会责任声誉评分从“平均”上升到“优秀”时，信任度会增加 3.2 倍。

然而，在最新的全球企业社会责任 100 强排行榜中，尚未有中国企业的身影。作为世界第二大经济体，随着经济实力的不断提升，**海外企业的社会责任是中国企业更好、更快地融入当地社会以及提升企业品牌形象的重要方式**，也是中国软实力提高的必由之路。

二　中国企业在海外投资的社会责任履行情况

与发达国家相比，中国企业履行社会责任起步较晚。随着

“一带一路”倡议的逐步实施，对于海外业务势头发展迅猛的中国企业而言，业务范围越来越大、涉足领域越来越广、知名度越来越高，利益相关方对其履行社会责任有了更多关注和期待。《中央企业海外社会责任蓝皮书（2019）》显示，2019年，83%的央企向海外经营相关方提供技术咨询服务及人员交流；29%的央企九成以上的物资在东道国采购；89%的央企积极参与当地生态系统保护；73%的央企通过参与当地基础设施建设为当地社会发展做出贡献。除了融入当地社区外，中央企业还在参与基础设施建设、提供教育与健康服务、当地居民职业培训、参加当地志愿活动等多个方面均有较大提升。

巴西是中国在拉美地区最大投资和贸易目的地国。2019年中巴贸易额再次突破千亿美元，中国连续十年成为巴西最大贸易伙伴；在投资方面，巴西一直保持着中国在拉美的最大投资目的地国地位，投资与贸易已经成为推动中巴经贸关系发展的“双引擎”。

在巴西的中国企业也致力于社会责任的履行，2019年国家电网有限公司（巴西）首次在巴西发布了社会责任报告。国家电网进驻巴西10年来，充分发挥公司技术、管理和品牌优势，支持巴西电力能源绿色可持续发展，促进巴西经济社会的增长，组建了国网巴西控股公司、国网巴西电力公司、中电装备巴西公司和南瑞集团巴西公司四家子公司。国家电网在巴西累计总投资约125亿美元，占公司境外投资总额的60%以上，为里约热内卢、圣保罗、巴西利亚等15个州提供输配电服务，为巴西电网运行提供坚强支撑。

在稳健运行巴西骨干电网、推动巴西电网技术创新发展的同时，国家电网巴西控股公司积极运用当地税收激励政策，利用环境保护义务、沟通交流、媒体互动等多重渠道积极履行企业责任，积极履行社区责任和环保义务。公司主要实施了社区精准扶贫项目、社区太阳能路灯项目，捐助社区医疗卫生项目和资助世界文化遗产项目，同时还赞助支持“里约四季长跑”、马累交响乐团、圣保罗国际电影节、《百名摄影师聚焦巴西》画册等450多项公益项目，覆盖220多个城市，受益超过11万人。国家电网巴西控股公司社会公益项目累计投入约1200万美元，环保义务投入约3000万美元，给当地社会和社区带来实实在在的利益，实现互利共赢，体现出经济、社会、环境综合价值。特别是国家电网长期赞助的马累贫民区青少年交响乐团先后为两国领导人高访活动演出，获得高度评价。

企业履行社会责任，加快了融入当地社会的进程，这将有利于国家电网与巴西电力企业携手并进，进一步推动两国在特高压、智能电网、泛在电力物联网等领域的合作，体现出企业社会责任的长远意义。

三　中企在海外履行企业社会责任应注意的问题

从调研的情况来看，中国企业在海外（巴西）履行企业社会责任时也存在一些问题需要注意。

一是认识上的误区。有些企业觉得履行企业社会责任就是“给钱”“给物”，其认知和行动还停留在无偿捐赠的层面。这样做只是履行社会责任的初级和简单的方式，无法深入融入当地社区之中。

二是把履行社会责任和企业经营割裂开来，不能结合企业经营实际进行。实际上，企业社会责任形式多样，不仅指企业对股东负责，还要承担对员工、合作方、消费者等利益相关方的一些责任，还包括职业健康、生产安全、节约资源、保护环境等。一些著名的欧美公司在海外履行企业社会责任都是进行与自己主业相关的活动，甚至完全是依托主业履行企业社会责任。这样不仅履行了企业的社会责任，同时也树立了负责任的企业形象。

三是面临当地政府严格监管。以巴西为例，巴西政府对投资项目的环保要求非常严格，环保取证需要20个月左右，包括动植物和牧场保护、各种生物观察、社区听证会、发展报告、规划设计等非常复杂的流程。如果对这些流程不了解，就可能“吃苦头”，许多工程因为环保不过关而无限期拖延，我国也有因为环保问题而被境外的政府或环保组织强行索要额外费用的情况。在巴西投资需要通过“环保和社会评价报告”才能发放许可，并要参加听证。要通过“环保和社会保护实施方案”，才能发开工许可和运营许可。即使是在建项目，也需要继续实施和运营环保项目。运营许可5年有效，过期需要重新申请。

四是巴西的劳工诉讼、罢工经常发生。巴西的劳工法相对严格，工会力量很强大，注重对劳工的保护，尤其是巴西对社区的听证意见非常重视，履行企业的社会责任则可以更好地融入社区，对这些问题的解决都有很好的帮助作用。

四　对策建议

“一带一路”和“构建人类命运共同体”等倡议的落实，都需要中国企业有切实的作为，中国企业在海外投资、建设、经营的企业故事，是中国故事的重要组成部分。讲好中国企业故事，有利于塑造良好的中国形象，企业的社会责任是企业故事重要的组成部分。

（一）完善海外投资企业环境保护的相关法律

东道国的环境保护是我国“一带一路”倡议的核心关切，也是企业社会责任的主要内容之一。“一带一路”沿线国家在法律上存在着诸多的差异，每个国家都有自己的环保法律体系，中国企业应当熟悉东道国的环保法律和环评标准，遵守东道国的法律。同时，从我国国内的法规层来看，我国尚未对海外投资的环境保护问题进行专门的立法，只是在一些对外投资的法规政策中有零散的表述，仍然是以行政法规、部门规章、规范文件为主体。**我国海外投资环境保护问题尚处于无法可依的状态，对海外投资环境保护问题的管理相对薄弱**。建立一个统一的海外投资的环境保护法律体系不仅可以树立我国绿色投资的形象，也有利于海外企业社会责任的履行。由于巴西等国家的环保标准极其严格，同时公民的参与程度很高，完善相关法律意义更加重大。

（二）重视海外企业的社会责任投入

海外企业履行社会责任，是树立中国品牌价值、推动中国与东道国技术合作的桥梁和催化剂。以国电巴西控股为例，由于巴西的监管机制透明，风险相对可控，于是一些细节问题就决定了投资的成功与否。如果企业履行社会责任，通过项目投资带动当地就业，帮助当地的印第安人社区逐步融入现代社会，对当地印第安人保护区做些公益项目，不仅可以把国内的设备和产能带过来，也可以更好地融入当地社会。巴西政府对环保的监管非常严格，在开发项目时十分注重环保和尊重当地原住民参加的听证会，如果积极履行企业的社会责任，则会在项目竞标时赢得主动，同时，也会推动巴西政府采用中国的技术方案，在竞标时处于相对有利的位置。

（三）依靠主业履行社会责任

中国企业在巴西的投资多集中在能源资源、基础设施等方面。**在履行企业的社会责任时，应该结合自己企业的优势**。建桥、修路、培训员工等社会责任的履行，有利于投资的稳定。在履行企业社会责任的同时，结合自己的主业会更加得心应手，专业的企业做专业的事情，既承担了社会责任，又可以实现经济效益。

(四) 鼓励私营企业积极履行企业的社会责任

随着“一带一路”倡议的不断深入，私营企业海外投资逐步增多，与国有企业相比，私有企业履行社会责任的数量不多。但无论是国有企业还是私营企业都代表着中国的形象，都是中国故事的参与者。中国政府可制定税收减免、简化登记注册、通关便利等相应的激励措施，鼓励私营企业积极参与在海外履行企业社会责任，更全面树立中国企业的海外形象，**形成国营、私营企业品牌与国家品牌的良好互动，不断提升中国的软实力**。

(中国社会科学院世界经济与政治研究所副研究员　魏　蔚)

重新认识孟加拉国的战略价值

——赴孟加拉国调研体会

本文要点：孟加拉国在推进“一带一路”建设中具有特殊地位。从“一带一路”的视角来看，孟加拉国的战略价值极大，所以我们应转变思维，重新认识孟加拉国的战略定位，了解孟加拉国对中国的主要关切和诉求，调整和改进工作方式中的不足和短板，统筹谋划中孟两国全方位合作关系，找准若干重点领域将双边合作推向深入，使孟加拉国成为在南亚地区推动“一带一路”建设的重要伙伴。

2019年12月，中国国际经济交流中心调研组赴孟加拉国开展“一带一路”调研活动。调研组一行拜访了中国驻孟加拉国大使馆、孟加拉国华侨华人联合会、孟中友谊中心、孟加拉国达卡大学、中方孔子学院等机构，分别召开了与孟加拉国智库专家以及主要中资企业的两场座谈会，并实地调研了部分合作项目。

一　孟加拉国在我国对外合作大局中的战略定位

长期以来，由于中孟两国经贸往来规模偏小、交通联系不便、文化差异较大、孟加拉国的国际政治经济话语权较弱等原因，孟加拉国在我国对外合作和周边外交的大局中并不占有突出位置，国内对孟加拉国的关注、了解和研究也较少。但是，如从“一带一路”的视角来看，孟加拉国的战略价值将极大提高。地缘上，孟加拉国位于中南半岛和印度半岛两大地缘板块的交接点，连接中国、印度、东盟三大经济体，是突出的地缘战略支点。经济上，孟加拉国是南亚最具发展活力的经济体之一，近十年来，其GDP平均增速保持在6%以上，加之有1.6亿的庞大人口基数，未来有潜力成为重要的国际市场。政治上，中孟两国政治互信度高，具有深入合作的良好基础。但是，随着印度、美国、日本等国正在加紧对其渗透，美国的“印太战略”正在向孟加拉国延伸。综合来看，我们需重新认识并高度重视孟加拉国的战略价值。可以说，孟加拉国对我国的价值不是眼前的，而是长远的，其战略定位主要表现在以下几个方面。

（一）“一带一路”建设的重要伙伴

孟加拉国地处“21世纪海上丝绸之路”和孟、中、印、缅经济走廊的交接点，历史上就是连通中南半岛和南亚次大陆的贸易要道。**孟加拉国对“一带一路”倡议十分热情，其精英阶层基本都熟知“一带一路”的内容，评价均较为正面**。该国执政党、在野党对华都较为友好，民间对华态度更为友好，他们对“一带一路”在总体上也较为认可。

（二）大国博弈的要地

孟加拉国在地理上被印度三面环绕，历史上与印度既水乳交融又纠缠不清，印度是对孟加拉国影响力最大的国家之一。印度对孟加拉国渗透很深，影响力很大。孟加拉国高层在做出重要决策前一般会去印度征求意见，孟加拉国政府各部门中的很多顾问都是印度人。印度认为中巴经济走廊途经有争议的地区，担忧中国影响力进入印度洋地区会冲击印度在南亚的霸主地位，所以对“一带一路”采取消极甚至敌视的态度，这也不可避免地影响到孟加拉国。

美国也正在孟加拉国逐渐扩大影响力。美国也认识到了孟加拉国的战略价值，在逐步调整外交姿态。目前，美国已成为孟加拉国的主要援助国之一，孟加拉国也开始寻求向美国购买军事武器。此外，美国对孟加拉国的访问代表团也较多，很多是来推销“印太战略”的，或为否定“一带一路”建设而来的。

日本长期在孟加拉国深耕，其在经济领域的影响力较大。日本以国际协力机构（JICA）的官方发展援助（ODA）为抓手，带动日企赴孟加拉国投资。日本通过 ODA 支持马特巴里燃煤电站、马特巴里深水港、达卡捷运系统、达卡机场扩建等一批重大项目的建设，带动了川崎重工、三菱、丸红、东芝、住友、东电等日企参与项目承建或设备服务出口。日本在该国的一些投资与我国形成了一定程度的竞争，招商局集团原计划在孟加拉国东南部的索纳迪亚修建深水港，后在日本和印度等国的背后干预下，该项目被孟加拉国取消，取而代之的是日本在距索港仅 25 公里外的马特巴里修建深水港。

综合来看，美国虽然开始向孟加拉国布局，但还不具备掌控力；日本对孟加拉国影响多为经济层面，政治影响度也不高；印孟两国虽有历史渊源，但也可能成为历史包袱，两国仍有边界地区分水问题等纠纷，孟加拉国民间反印声音也很大。近期印度国内印度教宗教主义盛行，两国民间在宗教问题上也有隔阂。我国与孟加拉国并无根本利益冲突和历史遗留问题，孟加拉国对我国信任度较高，经济诉求较大，要利用好这一形势，积极推进与孟加拉国全方位合作，提升孟加拉国在我国周边外交中的战略地位，**孟加拉国有潜力成为继巴基斯坦之后，我国在南亚地区的另一重要合作伙伴**。

（三）我国产业向外转移的重要承接地

我国低端制造业由于生产成本上升、叠加中美贸易摩擦影响，正在逐渐向东南亚、南亚等成本洼地转移。孟加拉国劳动力成本极低，若以人民币计算，工人每月工资仅几百元，且人口结构比较年轻化，15—50岁劳动力人口占比超过60%，发展纺织服装等劳动密集型产业有竞争力。孟加拉国正在开展基础设施和城市建设，孟加拉国基础设施极为落后，我国钢铁、建材、水泥等富裕产能在孟加拉国有需求市场。孟加拉国电力供应能力薄弱，不足以支撑未来工业化需要，亟待推进火电、水电及电网建设，这些均是我国优势领域。孟加拉国医药产业发展也独具优势，孟加拉国作为欠发达国家，已获得发达国家医药产品和临床数据专利保护的豁免（豁免期至2033年），我国企业到孟加拉国生产制药和原料药有一定政策便利。孟加拉国环境污染较为严重，我国环保产品和服务性价比高，具有一定竞争优势。

（四）中国发展理念向外推广的重要国家

孟加拉国国内普遍认可中国的发展方式，认为中国从一个贫穷大国正在转变为富裕大国的发展经验值得借鉴。孟方普遍认可中国发展经验，对中国的政治制度和发展模式也是高度评价。

未来一个时期，团结我国周边国家、与之形成紧密的共同体是增加我国博弈能力的重要选择。目前我国周边的一些发展中国家（包括孟加拉国在内）对我国发展理念、发展方式比较认可，应予以重视。

二　孟加拉对我国的主要关切和诉求

（一）希望中国在罗兴亚人问题上关注孟加拉国的诉求

孟加拉国国内舆论高度关注罗兴亚人问题。西方国家拿难民与人权问题做文章，使该问题更加复杂化。孟方希望中国在罗兴亚人问题上发挥积极的协调作用。

（二）希望中国企业在孟加拉国投资设厂

孟方认识到，若要实现经济起飞，需要依靠外资解决本国工业化初始资本匮乏问题。**孟方十分希望中国企业在本国投资设厂，中国转移出去的产业其实也正是孟加拉国所急需的**。过去中国赴孟投资的企业很少，近几年迅速增多，以工程承包和劳动密集型企业为主，一些手机生产企业也开始在孟加拉国设厂。但中国企业在孟加拉国投资面临几个突出问题：一是孟加拉国基础教育一般，劳动力虽多，但质量还需提高。二是孟加拉国行政机构管理与行政决策效率低。投资项目审批权限高度集中，几乎所有建设项目的技术方案和财务方案都要内阁讨论，讨论决策过程很慢。三是贪腐问题在一些领域也较为突出。

（三）希望中国帮助孟加拉国建设基础设施

孟加拉国交通设施极为落后，城市道路狭窄、路面坑坑洼洼，也没有轨道交通，交通拥堵。铁路总里程还不到三千公里，且各线路轨距又不完全相同，米轨、宽轨、套轨纵横，线路连不成网，铁路承担货运量不足全部货运量的4%。港口条件较差，各港口吃水一般不足10米，主要港口船只进出十分拥挤。孟加拉国河网密布，但桥梁缺乏，只能依赖船只摆渡。

目前我国通过对外援助、优惠贷款、商业承建等方式已帮助孟加拉国修建了一批基础设施，孟中友谊大桥已援建了八座，特别是由我国建设的帕德玛大桥在孟广受关注，被孟加拉国誉为“梦想之桥”。**孟加拉国十分希望中国能够帮助孟加拉国修建基础设施，解决制约经济发展的瓶颈问题**，出于发展本国能力考虑，孟加拉国希望中国更多以援助而非商业承建形式参与基建，希望中国转让基建技术，使孟加拉国有独立建设的能力。在基建标准方面，孟加拉国有矛盾心理，一方面对中国基建能力较为佩服，另一方面却更加相信欧美标准。如在工程监理方面，虽在施工合同上注明欧美标准和中国标准均可，但实际上往往倾向于高薪聘请欧美监理团队，采用欧美标准对我国项目实施监理，对我国项目施工造成很大不便。

三　推动中孟“一带一路”合作的几点建议

第一，**以孟加拉国主要港口和缅孟通道为重点推动基础设施互联互通**。孟方对“一带一路”态度积极，**我国可抓住有利时机，大力推动中孟在“一带一路”框架下的合作，推动“一带一路”同“金色孟加拉梦想”战略对接**。基础设施互联互通是“一带一路”建设的主要内容，中孟两国应共同推动“21世纪海上丝绸之路”和孟中印缅经济走廊两个重要通道建设。

一是推进吉大港、蒙格拉港、帕亚拉港等重要港口建设。吉大港和蒙格拉港是孟加拉国最重要的两个港口，完全有条件改造成深水良港，但目前受制于港口基础设施薄弱，发展潜力受限，我国应积极参与该港口和码头建设，使其成为“21世纪海上丝绸之路”的重要港口。帕亚拉港是孟西南部重要港口，通过帕亚拉港—达卡铁路连接线和帕德玛大桥可直接连通达卡，形成孟加拉国“西南经济走廊”，改变目前孟加拉国过于倚重“东南经济走廊”（达卡—吉大港）的经济格局。

二是推进缅孟陆路通道建设。孟中印缅经济走廊有多条路线，但大多需经印度东北部，鉴于印度对“一带一路”态度不积极、中印地缘结构性矛盾可能会持续相当长时期，我国可考虑在中缅通道的基础上，推动缅甸皎漂港经孟科克斯巴扎尔至吉大港的陆路通道，绕过印度实现与孟加拉国的直接联通。

第二，**加强对“一带一路”沿线重点国别的定位研究和统筹谋划**。孟加拉国也十分缺乏对自身的发展战略研究。孟加拉国国家发展基本没有成体系的规划，各领域建设普遍呈杂乱无章局面。**我国应借鉴日本 JICA、亚开行的有益经验，在援外的框架下增加智力援外项目**，帮助孟加拉国制定发展战略、空间布局、基础设施建设、重点行业领域、政策制度体系等全方位的规划和设计，在顶层设计阶段就将我国优势企业、优势项目、管理制度推介出去，这对后续对孟加拉国开展工作极为有利。目前这类规划咨询大多掌控在日本手中。我国曾尝试帮助孟加拉国做过交通、防洪等领域规划，效果较好，如我国能更多地开展此类国际咨询工作，孟加拉国应是会乐意接受的。

第三，**我国的一些工作方式有待调整和改进**。在调研中发现，我们自身的一些工作方式也暴露出问题或短板，需要调整和改进。2016 年，中孟两国签署了 27 个合作协议，设计了数百亿美元投资的合作项目，目前大量项目仍未启动或者停滞。产生这一现象主要是工作流程的原因，**这反映出我国对外合作项目在工作流程上需要调整，在签署合作协议前应完成详细的可行性评价**。

我国援外项目设计也需改进。目前我国援外偏重于搞大项目，援外管理是省事了，但当地老百姓获得感不强，没有起到争取民心的作用。我国在孟加拉国援建了八座友谊大桥，但桥上既没有石碑标记，也查不到大桥的相关信息，久而久之这些项目就都被老百姓遗忘了。此外，我国援外工作应注意性价比，要推动援外资金更多向民众关注的粮食、饮水、医疗、养老、教育、培训、应急救援、防灾减灾等民生领域倾斜，**要加强对援外项目实施效果的评估，发挥好援外资金“花小钱、办大事”的作用**。

我国还需加强对中资企业的合规性管理。由于孟加拉国法律并不健全、我国企业海外经营合规性意识不强等原因，一些中资企业存在不良行为，进而影响中国企业整体形象，因此，加强我国在孟投资企业和工人的教育培训、规范管理十分迫切。

第四，**探索推进第三方市场合作模式**。对孟加拉国经济合作要探索第三方市场合作模式。我国的优势在工程建设、工程机械、中低端制造业，欧洲的优势为现代服务、高端制造、规则标准，要推动中欧双方在孟优势互补、项目对接、标准兼容。日本虽与我国在一些项目上有竞争关系，但如从细分产业链来看，仍有很多合作机会，可借鉴中日泰三方共建“泰国东部经济走廊”模式，推动中日孟三方合作。韩孟经济合作规模也在持续扩大，吉大港韩国工业园已运行近20年，我国可与之开展更多合作。此外，**我国政策性、开发性、商业性金融机构还可与世界银行、亚开行等在孟加拉国相关项目上开展合作**。这些金融机构在孟加拉国经营多年，影响力大，解决项目延期、赔偿等棘手问题有独特办法，可帮助我国化解投融资风险。

（中国国际经济交流中心战略研究部副处长、副研究员　梅冠群）

中非高质量共建“一带一路”的新挑战与新路径

——赴坦桑尼亚、埃塞俄比亚调研感受

本文要点：中非共建“一带一路”已经进入绘制“工笔画”的新阶段。这要求中非合作更加精细化，尤其是在发展战略上实现精准对接。与此相对，中非共建“一带一路”形成的亮点效应，引起了美国等西方国家的警觉，中非共建“一带一路”的地缘政治压力正在上升。此外，受民粹主义、恐怖主义等国际因素影响，非洲内部形势的不确定性有所增强，这也给中非共建“一带一路”带来困难和风险。对此，中国需探索新路径加以应对，确保中非共建“一带一路”行稳致远。

非洲是“一带一路”建设的重要方向和落脚点，随着“一带一路”倡议的不断推进以及中非全面战略合作伙伴关系的深入发展，中非共建“一带一路”正由“量”的积累向“质”的提升转变，中非合作成为“一带一路”建设的亮点。与此同时，中非高质量共建“一带一路”也需要认清新挑战和新问题并积极探索新的合作路径加以应对。

坦桑尼亚和埃塞俄比亚是非洲重要国家，中国与两国的友好合作历久弥新。在共建“一带一路”框架下，中坦、中埃的合作堪称典范，取得了一系列重要成果，但也面临着新的问题与挑战。选取两国开展调研具有历史与现实意义。外交学院非洲研究中心研究团队于2019年12月15—22日赴坦桑尼亚和埃塞俄比亚开展调研，调研成果与相关政策建议如下。

一　中非共建“一带一路”进入新阶段

中非共建“一带一路”进程大致可以分成三个阶段。

2013—2015**年为第一阶段**，“一带一路”倡议没有明确将中非合作纳入其中，但既有的中非合作框架（如中非“三网一化”合作、“461合作框架”）与“一带一路”倡议具有较强的一致性，且先于“一带一路”在非洲落地推进，为“一带一路”的规划和实施积累了经验，**是对中非共建“一带一路”的“先行先试”**。

2015—2018**年为第二阶段**，中非合作论坛约翰内斯堡峰会召开后，中非合作与“一带一路”倡议的关系逐渐清晰，中非双方更多从“一带一路”建设的角度规划彼此合作，并正式将“三网一化”及其实践（如亚吉铁路等）列为“一带一路”建设在非洲的重要成果，**中国对非合作纳入“一带一路”建设框架**。

2018**年至今为第三阶段**，以推进“一带一路”建设工作五周年座谈会和中非合作论坛北京峰会的召开为标志，**中非共建“一**

带一路”进入了绘制“工笔画”的新阶段。“发展战略对接”是绘制“一带一路”“工笔画”的重要抓手和突破口。中非合作在这方面具有突出优势，一方面，中非合作在“先行先试”中积累了经验和基础；另一方面，相较“一带一路”沿线其他地区，非洲不仅在地区层面形成了比较完善的发展战略体系，而且多数非洲国家也制定了各自的中长期国家发展战略。这有利于中非之间更加精准地实现发展战略对接，具体可分为以下三个维度。

第一，**国际层面的对接**。2015 年 9 月，联合国可持续发展峰会通过了“2030 年可持续发展议程”，虽是全球性议程，但该议程具有发展导向，非洲是其重点关注对象，这与“一带一路”倡议相契合。2019 年第二届“一带一路”国际合作高峰论坛圆桌峰会指出，**要把支持联合国“2030 年可持续发展议程”融入共建“一带一路”**，让各国都从中受益，实现共同发展。中非共建“一带一路”与联合国“2030 年可持续发展议程”的对接，是推进全球可持续发展进程的重要组成部分，将为中非合作把握宏观方向、彰显世界意义。

第二，**地区层面的对接**。2015 年非盟启动了“2063 年议程”，该议程重视“非洲人的愿景”，以及与中国等新兴发展中国家的合作。两届中非合作论坛峰会的成果文件均强调支持“2063 年议程”设定的建设非洲的愿景和规划。特别是 2018 年中非合作论坛北京峰会“宣言”正式**明确了“一带一路”倡议与非盟“2063 年议程”的对接关系**。2015 年中国与非盟签署了“谅解备忘录”，在“2063 年议程”框架下与非洲开展“三网一化”合作，促进非洲一体化进程。2018 年中国与非盟签署共建“一带一路”政府间谅解备忘录，双方在地区层面的合作进一步加强。

第三，**国家层面的对接**。截至 2019 年 12 月，在共建“一带一路”的“朋友圈”中，约 30% 以上成员是非洲国家，为中非发展战略的精准对接奠定了基础。**中非在国家层面的发展战略对接**

旨在有的放矢地帮助非洲国家摆脱发展困境，增强可持续发展能力。以亚吉铁路建设为例，中国与埃塞俄比亚两国政府共同协商，根据埃塞俄比亚经济发展短板、方向和诉求，创造了亚吉铁路模式。其核心是以铁路建设与运营为牵引，在铁路沿线建设以工业园区、物流中心为主要形式的经济走廊，以此拉动埃塞俄比亚经济增长、推动其工业化进程。

此外，作为中非共建“一带一路”的主平台，**中非合作论坛北京峰会系列成果的落实亦是推进中非发展战略实现精准对接的重要抓手**。具体工作包括：用中英法三语解读“八大行动”有关内容，统筹汇聚地方对非经贸合作资源，同非方一国一策地商定项目清单等。2019 年中非经贸博览会在湖南长沙召开，共签署了 84 项合作文件，涵盖贸易、投资、农业、航空、旅游、制造业、基础设施等诸多领域，涉及金额 208 亿美元。可以说，中非共建“一带一路”在绘制“工笔画”的新阶段开局良好。

二　中非高质量共建“一带一路”面临新挑战

伴随中非共建“一带一路”亮点效应的显现，来自美、日、印等国的战略压力逐渐增强，国际对非合作环境进一步复杂化。此外，受民粹主义抬头、恐怖主义转向影响，非洲内部形势不确定性上升，中非共建“一带一路”面临逐渐加大的安全压力和风险。

（一）中非共建“一带一路”面临的外部挑战

近年来，美国对非政策调整，矛头直指中国。**2018 年美国出台的“新非洲战略”旨在借非遏华，破坏中非共建“一带一路”**。该战略的出台标志着特朗普政府对非政策调整基本完成。2019 年 6 月，美国召开“美非商业峰会”，宣布启动“繁荣非洲倡议”，力图把中国在非洲的影响“推回去”。值得注意的是，特朗普政府

“新非洲战略”具有浓厚的单边主义色彩，认为中国给美国造成的战略威胁较大，需通过对非双边外交加以遏制。有鉴于此，美国极有可能选取“关键非洲国家”寻求外交突破，给“一带一路”框架下中非发展战略的精准对接制造困难。

日本、印度联手推出“亚非增长走廊”计划，加大对非关注和投资力度。2016 年 11 月，日、印就构建“亚非增长走廊”达成共识。2017 年 5 月，日、印正式抛出“亚非增长走廊”远景文件，鼓吹非洲国家要注意“一带一路”的所谓“债务陷阱”。2018 年 10 月，日、印同意为实现“自由开放的印太”地区战略展开牢固合作。2019 年 8 月，日本举办第七届东京非洲发展国际会议，会议提出将在顾及非洲国家偿债能力和财政可持续性的前提下，推进对非“高质量基础设施”投资。日本在会议期间多次强调非洲债务问题，影射中国与非洲国家在“一带一路”框架下的合作。

此外，**非洲也吸引了其他大国的关注**。2019 年 10 月，俄罗斯召开了首届俄罗斯—非洲经济论坛暨领袖高峰会。2019 年 11 月，德国召开了名为“与非洲有约”的投资大会。2020 年 1 月，英国召开了首届“英国—非洲投资峰会”。总之，**中非共建“一带一路”面临着愈加复杂的大国战略博弈**。

（二）中非共建“一带一路”面临的内部问题

随着中非合作的持续发展，**一些政策性障碍愈加凸显，成为中非共建“一带一路”进程中面临的新问题**。受美欧民粹主义抬头影响，**部分非洲国家的外交政策走向保守**。以坦桑尼亚为例，新政府上台后逐步收紧了外国直接投资，并对外资企业提高税负，这导致中坦双边贸易额出现同比下降。坦桑尼亚现政府对外国政府的官方发展援助也加强了限制。2017 年坦桑尼亚政府对中国援助的价值 70 余万元人民币的药品征税，导致该批药品至今滞留该国港口。2019 年坦桑尼亚政府对孔子学院等外国在坦桑尼亚公益机构的非本国工作人员征收每人每年3050美元的税费，给相关机构在坦桑尼亚开展工作造成较大困难。尽管坦桑尼亚对外政策上的变化并不单纯针对中国，却**给“一带一路”框架下的中坦合作带来了消极影响**。

此外，**安全问题也是干扰中非合作的重要因素**。近年来，非洲安全形势的演变呈现两方面突出特点：其一，与前述民粹主义思潮抬头有关，**部分非洲国家在社会层面出现排外、仇外情绪**；其二，**非洲正成为全球反恐的“前线”**。近年来，盘踞在部分中东国家的恐怖势力被打散后，不断加紧在撒哈拉以南非洲建立据点并实现本土化。据统计，2018年撒哈拉以南非洲地区因恐怖袭击造成的死亡人数位居全球第二。此外，2020年新冠肺炎疫情在全球的暴发，进一步助长了非洲国家民粹主义情绪的蔓延。这种情绪易被某些不负责任的媒体和政客利用及煽动，可能对中非共建“一带一路”甚至中非合作的大局产生不利影响。

三　探索中非共建“一带一路”的新路径

在中非共建“一带一路”新阶段，面对新挑战、新问题，中国需探索新的应对之策。

第一，**开展第三方市场合作，缓和中非共建“一带一路”面临的地缘政治压力**。以中美在非洲的三方合作为例，两国间存在竞争，但双方合作空间亦很广阔，尤其是在对非经贸方面，中美各具优势，中国在对非贸易方面远超美国，而美国在对非投资方面则占据优势。中美对非投资侧重点也有所不同，美国侧重电力、技术，中国擅长铁路、公路等基础设施建设。中国对非合作步子大、速度快，但美国对非洲介入早、了解深，中美在非开展三方合作的潜力较大。此外，在应对马里安全危机、南苏丹冲突、西非埃博拉疫情等问题上，中美也开展了卓有成效的合作。截至

2017 年 12 月，中美就非洲事务开展了七轮磋商，涵盖援助、维和、气候变化以及人道主义等议题。

特朗普执政后强调与中国在非洲进行战略竞争，但这一政策并未在美国国内获得广泛认可。美国卡特中心在美国外交事务上较有影响，其主导的中美非二轨对话进程为推动中美在非开展三方合作发挥了积极作用。近年来，卡特中心拒绝特朗普政府高级顾问参与其中，这表明美国政、学界精英对特朗普政府非洲政策的反对态度。鉴此，**新阶段的中非合作应正视美国因素的存在，进一步发掘中美非三方开展合作的潜力**，为中非共建“一带一路”营造良好国际环境。

第二，**加强中非合作论坛机制建设，引导国际对非机制良性互动**。近年来，在对非合作机制建设上，日、印出现“对标”中国的趋势。2016 年，日本主导的第六届东京非洲发展国际会议效法中非合作论坛，首次将举办地定在非洲的肯尼亚，并宣布会议举办频率由 5 年一届调整为 3 年一届。印度分别于 2008 年、2011 年和 2015 年举办过三届印非论坛峰会，首届峰会发表的宣言中几乎“复制”了中非合作的各个方面，在第三届峰会印度一改之前由非盟遴选参会非洲国家的做法，效仿中国向所有非洲国家发出邀请。上述趋势体现出**日、印在对非机制建设上追赶中国的“竞争”意味**，但这也为三国对非机制间的互动创造了条件。事实上，中、日、印等国在对非合作上各具比较优势。中国可积极探索中、日、印对非机制间互动的可能性，**在非洲事务上加强与日本、印度的协调，鼓励两国成为中国对非合作的共同伙伴**。

值得注意的是，2020 年是中非合作论坛成立 20 周年。在新冠肺炎疫情全球蔓延的大背景下，中国应推动与非方举办线上纪念会议，如中非合作论坛特别峰会，在回顾中非合作论坛成就的同时，重点推动中非就携手战疫达成更多共识。这一方面有助于非洲应对疫情，另一方面也有助于正面引导国际涉华舆论。

第三，**支持民间机构在非开展工作，推进政府间合作与民间合作相结合**。长期以来，中国的对非合作和援助形成了有别于西方的模式，政府对接、官方推动是其突出特点。这种模式有利于大项目的推进和落实，但在中小项目方面，西方国家以非政府组织（基金会）为基础的对非合作（特别是对非援助）效果更加明显。尽管“一带一路”倡议提出以来，中国民间机构加快了走出去的步伐并取得良好效果，但其国际化进程仍面临政策法规缺失、社会认知水平低以及自身经验、能力和意识不足的内外制约。

民间组织参与全球治理和国际民生合作，是“一带一路”民心相通的重要载体。相较政府行为，民间组织手段更加灵活，其活动更易为所在国民众感知和理解。2019 年第二届“一带一路”国际合作高峰论坛提出，“未来 5 年，中国将邀请共建‘一带一路’国家的政党、智库、民间组织等 1 万名代表来华交流。我们将鼓励和支持沿线国家社会组织广泛开展民生合作”。鉴于此，中非共建“一带一路”应坚持优势、补齐短板，**推进政府间合作与民间合作相结合**，通过规范、支持中国民间组织在发展中国家尤其是非洲开展工作，进一步夯实“一带一路”的民意基础。

总之，未来中国需推进对非发展战略精准对接，重视非洲内外形势的新变化，保持战略定力、发挥制度优势、开拓思路途径，为中非共建“一带一路”行稳致远提供有力保障。

（外交学院非洲研究中心研究员　赵晨光）

加强青年交流　促进中印互信

——赴印度访问的体会与思考

本文要点：当前中印两国青年交流呈现以下现象：一是印方对中国青年交流不太关心，印国内舆论环境对中国有所疑虑；二是以尊重印度国家利益为前提，印度青年对加强中印国际治理合作透露出积极意愿；三是中国青年在向印度青年进行中国国家形象宣传时需要提高技巧。鉴于此，本文提出三点建议：一是坚持做好中印两国青年的交流互访工作；二是在可合作空间加强对话，增加青年之间的共同利益点和共情点；三是中方要学会讲好中国故事。

为落实中印领导人于2014年9月签署的《中印关于构建更加紧密的发展伙伴关系的联合声明》关于开展青年互访的决定，两国于2015—2019年每年各派200名青年进行交流。笔者于2019年11月随团对印度新德里和孟买进行了友好访问，现将出访体会和建议整理如下。

一　出访情况概述

印度将国内16—30周岁的人口定义为青年人口，其占全国人口总数的42%，**具有劳动力和市场优势**。印度青年事务与体育部是印政府负责青年管理的专门职能部门，此次访问行程由该部负责。交流机构分为两种类型：一是与印度国内青年管理与服务相关的单位，包括尼赫鲁青年中心联盟、印度全国服务计划、塔塔社会科学研究院、母亲乳业集团、孟买股票交易所、孟买商业孵化与加速中心等。印方旨在让中国青年代表团了解印度在青年基础教育、高等教育、志愿者服务、社区管理、职业技术培训、就业创业等方面取得的成绩和经验。二是与印度文化相关的单位，包括印度国家博物馆、印度国家大剧院、孟买电影城等。印方旨在让更多中国青年了解印度国家历史，以及音乐、舞蹈、电影等具有代表性的文化特色产业，以促进双方的人文交流。

二　中印两国青年的交流情况

根据在印度访问期间的观感，与相关受访人员进行的交流，以及搜集到的书面材料，笔者认为当前中印两国青年之间的关系有待提高，主要表现在以下三个方面。

（一）印方对中国青年交流不太关心，印国内舆论环境对中国有所疑虑

与一般青年交流过程中所展现出的友好、热情、坦诚的氛围相比，印方工作人员和印度大多数青年对中国青年的态度有些拘谨，也不太关心。相关机构的工作介绍希望向中国展现出印度国内政治稳定、经济繁荣、人民生活安康的宏观美好场景，但并**不希望中国青年对其了解得太过深入**。笔者在新德里、孟买期间所阅读的在印度较为受欢迎的英文报纸和杂志，以及观看的电视频道新闻，涉及中国的大多都是负面消息，其中部分报道并不真实。这些对印度青年正确认识中国造成了一定的影响。

（二）在加强中印国际治理合作方面，印度青年透露出积极意愿，但也阐明必须以尊重印度国家利益为前提的立场

印度青年对全球治理等话题有浓厚兴趣。一部分受过高等教育的知识分子，特别是从事国际性相关工作的人员，对这些概念有充分认识，如塔塔社会科学研究院国际关系部的教师、从事与国际贸易和国际金融相关工作的企业家、致力于中印文化交流的工作人员，均**认为中印两国应在解决贸易保护主义、恐怖主义、气候变化等全球性问题上通力合作**。

不过，他们**希望中印两国在国际公认的多边机制领域进行配合**，如在联合国相关机制架构中。**对于中印两国之间的双边对接，他们持保留态度**。首先，他们对中国提出的“一带一路”倡议并没有过多关注。其次，他们认为中印经济合作应充分考虑到印方利益，如他们谈及印度之所以不愿意加入区域全面经济伙伴关系（RCEP）的原因，主要是印度担心中国工业制成品对印度市场造成冲击，即使这有利于全球开放贸易。相反，他们对印度产品打通中国市场更感兴趣。

（三）中国青年还需深入了解印度，在向印青年进行中国国家形象宣传时的技巧有待提高

中国青年在与印度人交谈过程中，除了从事相关工作的研究人员和外交人员对印度较为了解以外，大多数人常爱列举玄奘西天取经等故事，对于佛教已经衰败、佛教徒仅占总人口 0.8% 的印度来说，难以引起印度国内青年的共鸣。有的中国青年需要提高对外宣传技巧，罗列一些生动化、形象化的例证，让印度青年人更好地理解其中的文化含义。如何**正确地找到中印两国人民有效沟通的切入点**，真正地拉近两国人民之间的感情，让第二轨道的外交成为第一轨道外交的积极补充，这应成为中国周边外交的重要课题。

三　改善中印两国青年交流工作的建议

（一）必须长期坚持做好中印两国青年人的交流互访工作

中印两国国民对对方国家的认知发生逆转始于 1962 年，几十年来印度人一直对华保持极强的防备心态。直至 1988 年 12 月时任印度总理拉吉夫 · 甘地（Rajiv Gandhi）访华后，中印关系才有所缓和，民间交往增多。在“一带一路”倡议背景下，中国希望通过“孟中印缅走廊”建设进一步提升与印方的合作，但对方反应并不积极。洞朗事件后，印度对华态度趋于强硬，印方学者大多对中印合作的前景持负面态度。在此次访问中，印度青年对“一带一路”倡议的表态，以及对中印边境问题、印巴关系的敏感，就体现了中印关系的这种变化。总体来说，印度官方将中国定义为战略竞争并影响到了印度青年的对华感情。

笔者认为，中国不可能以损害国家利益为代价去争取印度支持，但也不能放任中印关系的发展。从长远来说，**“务实和共**

同利益”仍然是中印双方关系发展的基础。特别是在开展青年人工作方面，必须秉持扎实的态度、保持耐心地坚持下去，以求得远期效果。因为，对于中国青年来说，了解印度的历史与文化非常重要，历史与文化在一定程度上决定了国民心态与性格，而国民心态与性格又塑造了国家外交政策导向。对于印度青年来说，了解中国国情也同样重要，特别是当原本年轻的一代开始担任重要工作岗位后，他们过去的经历和对华认知将极大影响到他们做出的决策。我们**要在中印两国青年人中分别培养出一批“知印派”“知华派”**，减少中印两国战略误判的概率。

（二）在可合作空间认真加强对话，增加两国青年的共同利益点和共鸣点

2014—2019 年，中印互访团共计有上千位青年参与了交流，考虑到中印两国超过 20 亿的总人口规模，以及中国在印度旅游人数较少等情况，**互访人数还需要继续大力增加**：一是在国家级互访协议续签的基础上，**展开省际、市际之间的青年交流试点**，将年均互访人数规模提升至原有的 4 倍以上；二是紧紧抓住中印建交 70 周年举办 70 项庆祝活动的契机，**分类别地开展行业内青年之间的互访交流**，如新闻媒体青年记者、智库青年研究者、高校青年学者、青年企业家、创新青年代表，将提升对话质量和内容深度作为核心目标。

在国际治理合作、经济创新创业、文明文化互鉴三个方面，印度青年持积极开放态度，**活动举办应着力在这些双方有共同利益点、共鸣点的方向推进**。比如，除了双边活动外，在联合国、世界银行、二十国集团（G20）、金砖机制、上海合作组织等多边框架内可加强中印两国青年的交流，如成立上述国际组织的青年对话工作组，效仿模拟联合国大会开展大学生和中学生的模拟金砖大会，邀请各国有识青年就共同关心的全球性问题进行辩论；以第三届中国国际进口博览会为机，邀请印度青年企业家和创业代表来华访问，并寻求在大数据、网络经济、科技创新等方面进行深度合作，签署合作备忘录；加强两国文化娱乐业之间的合作，特别是要助推反映中国改革开放40年成就的一批优秀电影、电视剧、纪录片打开印度市场。

（三）中方要学会讲好中国故事

中方在向印度青年进行中国国家形象宣传时，需要着力改进策略和技巧，包括注意将宏大主题具象化为小人物和小故事，少引用中国成语、谚语等特殊语汇，多采取可视化的交流方式，多从印度文化语境的角度叙述，讲述有“人情味”的内容情节。

建议在举办大型的较重要的印度青年来访活动时，一方面可借鉴日本经验，**尝试“住家式”交流**，让两国青年能够在短时间内做有深度、有温度的朋友，让他们在共同的行程中去一起解决困难、交流感情，以“人性化”的方式让印度青年增加对中国的好感；另一方面可借鉴德国经验，**开展主题突出、内容明确的学习工作坊**，主题可涉及“世界可持续发展”“人类命运共同体”“青年与全球治理的未来”等，其间安排专门的授课培训、实地调研、讨论辩论、报告展示、问卷回访等环节，让中印两国青年能够在知识学习过程中、与他者互动交流过程中学会理解多样化的观点，主动发现共鸣点，通过增加他们的国际社会责任感来提升两国青年之间的相互信任关系。

（中国社会科学院世界经济与政治研究所助理研究员　张　元）

太平洋岛国参与中太合作的主要诉求和对策建议

——访问萨摩亚、汤加和新西兰的调研体会

本文要点：太平洋岛国位于世界经济和政治网络边缘，社会发展较为缓慢，面临较大的发展资金缺口。在中太合作进程中，太平洋岛国的主要诉求集中在经济发展和气候变化治理等领域。我国在深化中太合作的进程中，应以共建“一带一路”倡议为载体，注重回应区域国家的整体诉求和国别特质。在发展援助上，我国应合理应对太平洋岛国的援助诉求，不搞“竞争性援助”。在经贸合作上，中方可将旅游业和文化产业作为重要抓手，提升岛国经济的自主性和竞争力，扩大我国在南太地区的朋友圈。

目前我国已与太平洋14个岛国中的10个国家建立了外交关系。近年中国与太平洋岛国关系（以下简称中太关系）在整体上持续升温，大多数太平洋岛国积极响应“一带一路”倡议，希望能够通过搭乘中国发展的“快船”，寻求自身新的经济增长点，改善国内基础设施水平，推动当地社会发展。

一　中太合作的现状及战略定位

自太平洋岛国逐步独立以来，我国与建交岛国保持了长期友好合作关系。当前，**我国与太平洋岛国的关系正处于升温期**，除近期与我国复交的基里巴斯外，其余9个与我国建交岛国均已同我国正式签订了共建“一带一路”合作文件。2018年11月，我国与建交岛国决定将双方关系提升为相互尊重、共同发展的全面战略伙伴关系，开启了中太合作的新篇章。

对太平洋岛国而言，中国经济发展的红利和经验都是他们可以借助的重要资源。自2006年以来，我国与太平洋建交岛国已共同举办3届“中国—太平洋岛国经济发展合作论坛”，携手共商投资机遇与产能合作，为双方经贸往来交流提供了高层次的平台。近年来，随着中国与太平洋岛国之间的相互信任不断加深，中太经贸合作也在持续加速，特别是我国推出的单方面贸易给惠措施，为岛国产品走向广阔的中国市场提供了巨大商机。虽然南太区域内仍有部分岛国未与我国建交，但它们与我国的经贸往来并未因此而受到限制。在未正式建交前，我国已是所罗门群岛第一大贸易伙伴。马绍尔群岛与我国的贸易量也在岛国中名列前茅。2019年9月，所罗门群岛和基里巴斯先后与我国建（复）交，说明了部分未建交岛国对华态度已逐渐由“观望”转变为“接触”，**太平洋岛国向我国“靠拢”的态度较为明朗**。

对我国而言，虽然大部分岛国现阶段经济体量较小、社会发展程度较低以及政治尚处于转型期，但这恰好为我国探索大国与小国之间平等尊重、互利共赢的合作模式提供了机遇。**中太合作着眼于双方的互补性，同时为太平洋岛国的自主发展提供了更多选项**。积极推进中太合作的意义在于：一方面，通过推进中太在贸易和基础设施领域的合作，造福当地民生，有助于展现我国负责任大国的形象。例如，我国长期向岛国派遣农业技术团队、医疗团队和教师团队，以推进当地社会和民生发展；另一方面，中国作为最大的发展中国家，有意愿与其他发展中国家分享自身发展经验，在全球治理进程中与其他发展中国家协调立场，加强南南合作的广度与深度，中太合作有望成为这一实践的典型案例。

二　太平洋岛国参与中太合作的主要诉求

太平洋岛国在发展经济和参与全球治理方面的诉求具有很多共同点。在与区域外其他国家合作时，岛国的主要目标体现为获取国际援助和挖掘自身经济潜能；而在全球层面，岛国参与全球治理的主要诉求大多集中在气候变化治理领域。

首先，**获得发展援助是岛国外交工作的基本诉求**。太平洋岛国处于世界经济和政治网络边缘，社会发展缓慢，经济长期依赖外国援助，在岛国各地随处可见外国援建工程。纽埃等部分国家每年接受援助总量甚至占到本国 GDP 一半以上。世界银行数据显示，除库克群岛和纽埃外，其他 12 个太平洋岛国 2018 年 GDP 总量为 337.35 亿美元，占世界 GDP 总额的比例仅为 0.039%。基里巴斯、所罗门群岛、图瓦卢和瓦努阿图 4 国更是属于联合国认定的最不发达国家。随着我国综合国力的提升以及与太平洋岛国双边关系的升温，岛国对我国所抱期望也在逐渐提高。在当前合作进程中，**我国主要通过政府无偿援助和低息贷款等渠道为岛国发展提供资金上的支持**，主要的援助领域集中在基础设施、农业发展和科教文卫等方面。受区域“共享”文化的影响以及长期接受国际援助经验的影响，岛国在提出援助诉求时往往比较直接和具体。例如，在与岛国当地政府机构和研究机构交流的过程中，对方负责人通常会直言不讳地向中方代表提出一些具体项目诉求，如希望中方能够援建办公大楼、图书馆和校舍等设施。

其次，**挖掘自身经济发展潜能是岛国与域外行为体合作的核心目标**。太平洋岛国的整体经济结构相对单一且规模较小。受制于土地贫瘠和技术匮乏，岛国的农业和工业生产力普遍落后，出口以初级农产品和自然资源为主，附加值较低。岛国中仅有巴布亚新几内亚和所罗门群岛等较大岛屿能够初步实现经济独立，而多数岛国的基本工业品，甚至食品与饮用水都大量依赖进口。尽管岛国普遍拥有丰富的海洋资源，但因缺乏开发技术和能力很难从中获益，部分渔业资源丰富的国家往往通过向美、澳、新、日、韩等国家船队发放捕捞许可的方式获得一定经济收益。受益于独特的自然环境，旅游业成为岛国的优势产业之一，帕劳等国家对旅游业依赖度很高，旅游业产值往往占到国家 GDP 总量的近 50%。此外，斐济等国目前正在寻求发展进口替代产业，促进自身经济的多元化发展。总之，以自然禀赋为基础，挖掘重点行业发展潜力，特别是**推进近海养殖和旅游业等蓝色绿色经济的可持续发展，是岛国借助外力实现经济自主发展的重要途径**。

最后，**争取气候变化治理议题的话语权是岛国参与全球治理进程的重要路径**。岛国居民受到全球气候变化的严重影响。全球变暖导致海平面上升和自然灾害频发，对经济发展较为落后及国家治理能力较脆弱的太平洋岛国产生严重威胁，海平面升高甚至可能造成瑙鲁、基里巴斯、图瓦卢和马绍尔群岛等岛国面临消失的威胁。可以说，岛国被动地承担了工业化和全球化进程加之于它们的额外成本。因此，**岛国以自身生存权和发展权这两个基本权利为抓手**，充分利用专业知识撬动大国资源，积极参与全球气候治理各项议程的设置和讨论，**努力提高自身在气候变化治理领域的话语权和影响力**。《京都议定书》《巴黎协定》以及其他形式的阶段性倡议都反映了太平洋岛国参与气候治理谈判的努力和成效。岛国还寻求通过“大国平衡外交”获得额外援助资金，以应对气候变化等各类问题给它们带来的影响。

三　推进中太合作稳步发展的对策建议

基于南太平洋地区国家的共性和个性，我国在推进中太合作时，应以共建“一带一路”倡议为载体，不仅从区域层面进行整体规划，还要注重考量各国的独特性以突出合作重点。**为更好地推进中太合作，我国应以岛国在获取援助、发展经济和气候变化治理三方面诉求为主要抓手**。同时，还可借助“一带一路”参与岛国的示范效应，加大力度吸引处于“观望”中的未建交岛国，扩大我国在南太地区的“朋友圈”。

首先，**中国应合理应对岛国的援助诉求，不搞“竞争性援助”**。由于岛国自身财力极其有限，在公共基础设施建设方面严重依赖国际发展援助。我国是世界第二大经济体和最大的发展中国家，有能力也有义务对欠发达地区施以援手。从援助理念上看，我国应秉持正确的义利观，在向岛国提供援助时做到相互尊重、平等相待，超越与他国“竞争性援助”的思维，着眼于岛国人民的切身利益和需求。长期以来，中方向建交岛国派遣农业技术、医疗和教育等援助队伍就是这一理念的良好实践。

从援助方式上看，可延用以项目援助而非资金援助为主的方式，援建岛国急需的交通运输基础设施项目和惠民工程，如公路、桥梁、港口、校舍和体育设施等。同时，还需要明确优惠贷款与国际无偿援助之间的区别，研判援助对象国的偿债能力。例如当前中资企业在岛国承建的部分基础设施项目资金来源为中方两优贷款，需要岛国政府在未来还本付息。但受长期接受援助的惯性思维影响，一部分岛国官员和民众将“一带一路”项目误解为我国无偿援助，还有一部分则希望得到贷款免除偿还的待遇。这些认知可能对在该地区推进“一带一路”的可持续性产生负面影响。此外，**在向岛国提供援助后还需注意援建项目的辐射示范效应**。例如，中方对萨摩亚承办2019年太平洋运动会提供了大力支持，不仅援建了新的体育场馆以及公路，翻新了阿皮亚公园和机场，还为东道国运动员和教练员提供专业训练指导。2023年太平洋运动会的主办国所罗门群岛在与我国正式建交之前，曾派出多个考察组前往萨摩亚和汤加等周边国家，调研我国政府在当地的援助项目尤其是与运动会相关的项目以及中资企业在当地的运营状况。

其次，**中方在与岛国合作时应将旅游业和文化产业当作重要抓手，积极协助区域内各岛国挖掘自身优势**，提升经济自主性、出口产品竞争力和可持续发展能力。我国与岛国分享发展成果，不仅意味着我国会在力所能及的合理范围内向岛国提供援助，更要求我国向岛国分享自身发展经验，帮助这些国家实现自身优势产业的可持续发展。从整体规划层面看，**应推进“一带一路”倡议和“太平洋计划”的对接**。太平洋岛国论坛是区域合作的重要平台，通过“太平洋计划”来推进区域一体化进程。利用该论坛在岛国的影响推进“一带一路”倡议，一方面有助于我国从整体上把握与整个区域国家合作的方向，另一方面也能够在多边场合增加我国与未建交岛国的交流机会，拓展进一步合作的空间。

同时，还应以“中国—太平洋岛国经济发展合作论坛”为依托，促进中方和“一带一路”参与岛国在政策层面的定期沟通。在投资方面，由于当地市场较小且辐射范围有限，因此对岛国的投资可优先考虑各国自然禀赋较强和出口导向型的产业，主要瞄准中国等亚太市场。在发展旅游业上，可尝试整合岛国旅游资源，推动岛国间直航。而在开发渔业、矿产和林业资源时，应与其分享我国的有益经验，对从业人员进行技能培训，提升岛国经济的自主“造血”能力。同时还要将可持续原则放在首位，实现环境友好型的合理开发，并注重践行企业的社会责任。在贸易上，我国近年来加大了从岛国进口力度，进博会等大型合作平台也为我国买方提供了了解岛国产品的重要渠道。斐济、巴布亚新几内亚和瓦努阿图三国联合组团参展第二届进博会，反映出岛国希望抓住我国经济发展机遇的愿望。据商务部统计，2018 年中方自岛国进口 46.8 亿美元，同比增长 34.6%。在未来，**可考虑扩宽岛国输华商品关税优待的覆盖面**，让更多岛国分享我国广阔市场的实惠。

再次，**中方可在全球气候变化治理问题上积极响应岛国的合理诉求，帮助岛国应对气候变化造成的负面影响，树立我国负责任大国的形象**。一方面，通过专项援助资金、“中国气候变化南南合作基金”和《关于应对气候变化物资赠送的谅解备忘录》等渠道，**为岛国应对气候变化和防灾减灾提供资金方面支持**。同时，还可为岛国提供减灾抢险和灾害预警等方面的技术支持，协助太平洋区域环境计划秘书处开展对相关人员的培训；另一方面，可考虑**在双边合作的基础上发展区域性的多边合作**，共同协助岛国在相关议题上找到切实可行的治理之道。例如，中方可主动向美、澳等国提议在气候变化治理和防灾减灾等方面开展以岛国为援助对象的多边合作。这不仅有助于援助项目的效率和可持续性，还能通过合作来缓和我国与这些国家的关系，减少猜忌和矛盾。由于气候变化和减灾议题对岛国的生存和发展至关重要，且解决这些问题离不开区域大国的支持，若美、澳等国加入到我国所倡导的多边合作中来，则为各方增信释疑提供机遇，否则可能影响自身在相关议题上的影响力和话语权，失去岛国的道义支持。在此设计下，我国可围绕清洁能源、海洋生态和跨国犯罪等议题，将长期以来对华较为友好的新西兰作为发展多边合作的突破口，尝试与其共同推进第三方合作援助项目。

最后，**我国还可在推进“一带一路”倡议的进程中撬动该区域的外交资源，扩展合作伙伴网络**。2019 年以来，所罗门群岛和基里巴斯与我国建（复）交，我国外交在南太区域取得显著进展。但应清醒地认识到，此决定是岛国在权衡各方利弊后所做出的审慎选择。我国与太平洋岛国应在经贸合作的基础上加深政治互信。

此外，**需防范区域政治、经济、文化和人员安全风险**。部分岛国正处于政治转型期，政权更替和社会骚乱时有发生，一些大型危机还会传导至其他国家，引发连锁效应。岛民对发展、工作和生活的理解较为独特，中资企业在经营理念和管理方式上应将这一因素纳入考量。在该区域推进“一带一路”建设时，需对此类风险有充分准备和应对方案，以保障中方在当地的投资安全。

（中国社会科学院世界经济与政治研究所助理研究员　田　旭）

海外疫情观察

欧洲“抗疫”观察及对欧政策建议

——赴英国访学期间的观察与思考

本文要点：为应对新冠肺炎疫情，欧洲国家除了开展医学救治外，还采取了如下防疫措施：柔性封城并保持社交距离、提供物资并优先满足医需、打击谣言并防止社会恐慌、经济纾困并重点保障中小企业等。虽然欧洲多国否认推行事实上的“群体免疫”政策，但在疫情刚过高峰或仍在高峰时就启动或讨论解除社会隔离会使其防疫增添变数。从中欧关系看，欧洲防疫物资短缺、欧盟协调力度不足、对中国采取双面态度等问题值得注意。中国当前在处理中欧关系时可重点关注加强对留欧华人的保护、规范防疫物资贸易、减少形象宣传落差等方面，从而稳定疫情期间的中欧关系。

笔者系牛津大学圣安东尼学院太古学者，自2019年10月赴英访学，其间借机跟踪观察欧洲国家防疫状况，特别是英国防疫政策及社会反应。截至2020年5月底笔者完稿时，部分欧洲国家政客将新冠肺炎疫情政治化迹象明显，英国在此方向走得更远，甚至已就所谓的“赔偿”撰写了专题报告。在此背景下，梳理欧洲国家防疫政策特点并寻找我国工作抓手就成为研究者的重要工作。

一　欧洲主要国家的防疫政策

尽管欧洲主要国家新冠肺炎疫情暴发的时间、范围、程度等存在差异，但其防疫政策却有较大共性。欧洲主要国家除在患者检测与治疗、疫苗和药物研发等医学专业领域加紧工作外，还在社会经济领域就人员流动管理、防疫物资调配、防止社会恐慌、稳定国民经济等方面出台一系列措施，来降低和消除新冠肺炎疫情给国民经济和居民生活带来的不利影响。

首先，**限制人员流动，保持社交距离**。通过限制人员流动和形成社交距离来遏制新冠病毒传播是欧洲主要国家防疫政策的基本思路，这与中国封城隔离的政策在本质上并无差别。不同之处在于：一方面，欧洲主要国家封城隔离措施实施较晚，较早封城的意大利在2020年3月11日才把政策扩展到全境，而英国则直到3月23日才下达封城令；另一方面，欧洲主要国家“封城”严格程度无法与中国相提并论，**即便是欧洲疫情严重的意大利、西班牙、英国等国家，政策也属于“柔性封城”**，国民在封城期间还可以满足“必要出门”需求。例如，英国将锻炼身体、求医问药、购买食品以及从事关键岗位工作列为每天的“必要出门”；封城最严格的意大利也允许民众利用卫生部颁发的“自主授权书”通行。“不必要的旅行可以取消，但自由行动的权力必须保留。”德国卫生部部长这句话道出了大多数欧洲国家和民众对“封城”的态度。此外，部分欧盟成员国在相当长一段时期内仍向邻国开放边境。

其次，**调配防疫物资，保障医疗需求**。欧洲主要国家政府在疫情暴发早期大多声称医疗部门已积极筹备，甚至“准备妥当”，但随着疫情蔓延，**防疫物资短缺成为欧洲国家普遍面临的难题，至今仍未得到妥善解决**。尽管欧盟层面采取措施统一采购调配防疫物资，但由于呼吸机、试剂、口罩、防护服等防疫物资全球供货紧张，立足自救才是欧洲国家处理该问题时秉持的基调，如法国、德国等欧洲主要国家先后发布了征用或禁止相关医疗物资出口的行政命令。受此影响，部分欧洲国家之间爆发多起医疗物资纠纷，如德国海关截留瑞士口罩等。为缓解物资压力，欧洲国家一方面积极从境外采购，另一方面也组织国内企业转产急需物资，例如劳斯莱斯、空中客车公司等英国企业响应政府号召组成“呼吸机挑战联盟”，为缓解英国呼吸机短缺的压力发挥了关键作用。此外，在试剂、口罩、呼吸机等物资紧缺阶段，部分欧洲国家，如瑞士、英国等都曾出现把资源集中用于保护重症患者而放弃轻症患者的情况。英国截至2020年3月底还不能对所有患者进行检测，就连一线医护人员检测也尚未完成。

再次，**打击造谣传谣，防止社会恐慌**。应对新冠病毒蔓延引发的社会恐慌是欧洲各国疫情防控的关键任务之一。随着欧洲主流媒体和社交媒体对新冠肺炎疫情关注的大幅增长，欧洲民众的担忧情绪也不断上升，并引发一定社会恐慌和不理性行为。在各国封城政策推出前后，欧洲民众普遍到超市囤购食品和其他日用品，多国超市出现空架现象；在封城期间，英国甚至发生5G信号塔被焚毁的事件，起因是有传言称新冠病毒与此有关。所以，**欧洲主要大国政府普遍把预防社会恐慌当作抗疫主要任务之一来处理**。英国政府甚至成立“反假信息小组”，专门负责打击和处理与新冠肺炎疫情有关的虚假或操纵性信息，“保护国家免受错误信息和数字干扰”。此外，欧洲多国政府还通过每日疫情发布会，总统、总理或其他主管部门官员接受媒体采访等形式向社会公布信息，引导社会舆论，消除民众误解。

最后，**出台纾困政策，减少经济冲击**。疫情全球蔓延及随之而来的人员、物资等流动限制导致欧洲企业普遍面临原料不足、人工停滞、货源缺失、订单缩减等突出难题；国际组织、评估机构等对当前和今后一段时期内经济的悲观预测也加剧了政府和民众的担忧。于是，欧洲国家先后出台经济刺激政策，在保障国民工作和收入的同时，通过优惠贷款、减免税费、现金补贴、政策扶持等方式帮助企业应对疫情冲击，避免出现倒闭潮和失业潮。有的欧洲国家甚至在实施严格隔离政策之前就先出台了经济纾困政策。由于中小企业对保就业具有关键作用，因此，**大部分欧洲国家的经济纾困政策都把重心放在支持中小企业上**，英国提供优惠贷款给企业用于支付员工工资，防止大规模失业。

当前，欧洲多国疫情正向“后高峰时代”过渡。虽然世卫组织呼吁各国冷静，不要放松警惕和管控，但不少欧洲国家倾向于在做好防控的同时逐步解封，恢复社会经济生活。欧洲国家防疫政策之所以出现这种重大转折，主要原因之一是它们自开始就没有把抗疫当成“毕其功于一役”的任务。**德国、英国等国家的团队预测新冠肺炎疫情将于2021年春出现转折，也可能直到2021年夏天才有希望**。因而，欧洲国家多把“与病毒长期共存”“有可能经历多波疫情”当作制定和执行防疫政策的重要前提。

二　欧洲防疫政策存在的问题

从中欧关系稳定和发展角度看，欧洲防疫政策普遍存在的以下问题需要得到特别关注。

首先，**防疫物资短缺**。防疫物资短缺是欧洲国家在防治新冠肺炎疫情时普遍遭遇的难题。不仅较早暴发疫情的意大利、西班牙、德国、法国等国家饱受防疫物资短缺之苦，而且疫情暴发较晚的英国同样出现物资短缺问题。究其原因，**除防疫物资需求短期内暴涨以至于远超供应能力外，全球防疫物资生产、运输等环节受疫情影响不能正常运转**也是重要原因。以运输环节为例，疫情暴发后多国采取限航、停航措施，导致大量物资无法按计划完成运输。英国直至目前仍未解决检测试剂、防护用品（如口罩、防护服、护目镜等）、呼吸机等关键物资的短缺问题，不仅离每日检测 10 万人次的目标相距甚远，而且很多医院的医护人员还需自制个人防护用品；至于呼吸机，由英国大企业组建的“呼吸机挑战联盟”虽已部分缓解医疗系统的压力，但仍离政府制定的目标有一定差距。

其次，**欧盟协调力度不足**。疫情暴发后，欧盟作为欧洲一体化代表力求在防疫方面发挥积极作用，一方面密切跟踪疫情变化，另一方面积极组织疫情防控。欧盟理事会先后于 2020 年 2 月 13 日、3 月 6 日召开成员国卫生部长会议，商讨在人员流动、信息交流、疫苗研发、物资调配、舆论引导等领域的应对和协调，在达成对各国具有指导意义的结论性文件的同时，也对防疫过程中出现的人员旅行管理、防疫物资短缺等突出问题进行协调，并启动防疫物资采购计划，希望通过欧盟层面的协调减轻成员国的压力和摩擦。欧盟委员会还成立疫情应对小组负责研究、引导和协调成员国防疫事务，但由于**欧盟在医疗卫生领域一体化程度较低，它主要是发挥协调引导作用而非直接干预成员国的疫情防治**。4 月 9 日，在社会经济领域，欧盟 27 国财长会议达成新冠危机一揽子拯救计划，同意发放 5000 亿欧元资金救急，并计划通过“重建基金”恢复经济。

最后，**双面态度对待中国**。疫情期间的欧洲国家对华双面态度经历过三阶段演变：疫情暴发早期，欧洲国家对中国疫情关注度不高，舆论和公众基本把疫情当作“外国问题”，认为与自身关系不大；随着疫情蔓延，尤其是本土确诊病例增加，欧洲国家态度发生重大转折，在大幅提升对中国疫情关注度的同时，也传出一些负面声音；等到中国疫情基本得到控制，开始向欧洲疫情严重国家通过多种方式提供支援后，欧洲国家对中国态度再次发生变化尽管主流舆论中仍不乏对中国肯定和赞许之声，但质疑、批评，甚至“抹黑”中国的声音逐步增强，部分欧洲国家政客的加入使这股潮流得到稳固并成为一股强有力的论调。与此同时，欧洲国家仍积极与中国开展防疫合作，努力稳定防疫物资贸易。

三　中国当前对欧政策的重点

新冠肺炎疫情不仅将欧洲人民的生命、财产置于险境，给欧洲一体化带来冲击，还使中欧关系稳定与发展形成挑战，中国可重点关注以下方面：

第一，**维护华人华侨的合法权益**。新冠肺炎疫情蔓延使欧洲国家各阶层普遍承受压力，部分政客和媒体带有偏见的言论和报道进一步刺激了当地极端民粹情绪，导致旅欧华人风险陡增。从目前形势看，欧洲国家虽不会发生明显排华情绪和运动，但个别类似事件已在所难免。由于疫情暴发后受主客观因素制约滞留欧洲各国的留学生和访问学者、商户等数量较多，如何在疫情和社会双重风险中保护他们的生命、财产、权益等就成为中欧关系的头等要事。在此情况下，加快和理顺我国驻欧各国使领馆的“下沉”工作，与学联、商会等社会组织密切沟通，协助和指导它们在旅欧华人防疫自救中扮演重要角色。同时，由于较大规模的在欧中企与我国使领馆沟通较紧密，其普遍能为员工提供一定保障，因此，**当前工作重心可适当向在欧留学生、个体商户等倾斜**，着力扩大学联、地方商会等的防疫网络覆盖面，尽力保证他们遭遇困难能及时联系到学联、商会或使领馆。

第二，**规范和支持物资贸易**。由于欧洲防疫物资短缺，因此，**中欧之间的防疫物资贸易具有较大市场**。然而，过去一段时间在中国与欧洲其他国家、东南亚国家等的防疫物资贸易中出现的问题也成为制约中欧防疫物资贸易的潜在障碍。我国驻欧的使领馆、商会等可把国内相应职能部门对厂商、产品等资质的认定情况等整理发布。针对边境关闭、航运停摆等导致的运力不足、运输延时问题，我国航运主管部门、贸易主管部门等可加强与欧洲国家对应政府机构的协调，使中欧之间的航班、中欧班列等有限的运力优先满足防疫物资运输需求。

第三，**减少和避免落差宣传**。目前，欧洲疫情处在抗击新冠肺炎疫情的关键期，不少国家正经历疫情高峰，民众承受着疫情风险和隔离压力等多重挑战，他们对以“抗疫胜利者”形象出现的中国，其心情是复杂的：一方面是受对中国形象固化的影响，另一方面是受当地主流媒体对中国批评的影响。需要强调的是，虽然欧洲民众普遍对本国防疫政策的漏洞、不足等非常不满，也经常提出批评，但他们对本国防疫政策的整体认可度同样较高。在此背景下，对中国抗疫胜利、经验等的简单宣传，特别是对中欧抗疫表现“落差”的突出都非常容易被误读，成为部分媒体攻击中国、裹挟舆论的靶子。所以，**中国应注重通过个体叙事激发同理心和代入感，从而起到引导舆论、塑造形象的积极效果**。特别是围绕中国抗疫过程中出现的感人事迹，可从个体和人性等视角进行宣传，以在欧洲民间社会引起共鸣，减弱、抵消负面声音给中国形象造成的不利影响，为中欧关系稳定和发展提供支撑。

总之，疫情快速蔓延使欧洲国家根据其制度、文化及疫情形势等特征制定出各自的防疫政策，不过，大多数欧洲国家对疫情的看法，采取的防疫政策等具有极大相似性。目前，**欧洲多国正经历疫情高峰，如何选择和实施更加有效措施以切实遏制疫情是它们面对的重大考验**。

（复旦大学国际问题研究院副研究员　马　斌）

如何理解日本的“佛系”抗疫对策

——基于与日本学者的交流与观察

本文要点：随着日本疫情的快速发展，各界对安倍政府之前采取的“佛系”抗疫政策越来越质疑，尽管日本政府于4月7日宣布进入紧急状态，但执行效果令人担忧。那么，日本为什么会执意采取这种和风细雨的抗疫对策呢？笔者认为三个“确保”是其制定此政策的初衷，即确保医疗系统有效运转、确保经济增长和2020东京奥运会如期举办（后延期举行）。安倍政府敢于逆势而行也是源于三种“底气”，即对病毒的乐观判断、良好的医疗体系和国民的“自肃性”。目前，日本虽然已宣布进入紧急状态，但从具体措施上看，依旧不够“硬核”，难言已彻底放弃“佛系”政策。

自新冠肺炎疫情大暴发以来，备受争议的日本“佛系”抗疫对策一直处于舆论的风口浪尖。抨击其通过限制多聚酶链式反应检测（PCR），人为压低感染人数者不乏其数，但认同日本“佛系”做法的也大有人在。

该如何评价日本的抗疫对策？这是笔者近来一直认真思考并试图解惑的问题。为此，笔者除通过网络查阅了大量相关信息外，还与在日友人（包括大学教师、新闻媒体人等）进行了交流和对话，了解他们在日本的切身感受，同时，结合自己长期以来对日本研究的一些体会，对日本“佛系”抗疫对策出台的原因、效果及前景做如下分析。

一　日本的“佛系”抗疫对策

日本疫情的发展趋势的确有些与众不同。自其2020年1月16日宣布出现首例感染者至突破千例，用了整整2个月的时间，这与中国乃至欧美国家的疫情发展趋势大相径庭。因此有很多人对日本的“佛系”抗疫对策大加赞赏，毕竟在大考面前，没有抄中国作业，就在保证国家体制正常运转的模式下“有效”控制了疫情的传播。然而，自安倍宣布延期2020东京奥运会起，日本本土确诊人数却出现了快速增长的势头。感染者从1千人上升至2千人仅用了11天，从3千人上升至4千人和从4千人到5千人均仅用3天时间。按这个趋势推算的话，很快就会以每天超千人的速度增长。由此，日本“佛系”抗疫的神秘面纱似乎被悄然掀开了一角。

所谓的日本“佛系”抗疫对策，主要是指2020年2月25日日本公布的应对新冠肺炎疫情基本方针。**该方针以“尽可能控制感染扩散速度、尽可能减少重症和死亡病例”为目标，原则上要求轻症患者居家静养，减少对密切接触者健康观察，整理**

并完善以重症者为中心的医疗资源和体系。其目的主要体现在：推迟传染人数高峰的到来，为扩充医疗设施和疫苗研发争取时间；减少峰值时的患者总数以减轻医疗负担，让患者获得必需的治疗，减少重症病例和死亡病例；对国民生活和国民经济的影响降至最低。

在这一方针指引下，日本采取了除重症病人以外不进行 PCR 检查的做法，申请 PCR 检查就成了一件相当不容易的事。首先，患者必须要有流行病学史，即必须去过疫情国家，或者与确诊病例有过接触；如果有流行病学史且有临床疑似症状，如发烧 37.5℃以上、有上呼吸道症状 4 天以上、65 岁以上的人有症状 2 天以上，CT 检查看起来也疑似的话，才可能通过门诊医生或政府的咨询电话，向指定机构申请核酸检测。但即使申请了检测，最终被批准的人也是少之又少。有数据显示，日本十个都道府县曾有 313475 个咨询案例，最终被允许检测者只有 12595 人，仅占 9.7%。据日本厚生劳动省统计，截至 2020 年 3 月 31 日，日本国内进行 PCR 检测的人数仅为 32497 人，如果去掉机场海关检疫和对包机回国者的检测，这一数字仅为 30088 人，相当于每 4200 个日本人中有一个人得到检测，而这一数字在韩国和美国分别是 170 人和 1090 人（截至 3 月 26 日）。以 3 月 31 日为例，日本进行核酸检测的人数为 3531 例，而美国仅纽约州就检测了 1.8 万例。从这一角度看，日本的核酸检测人数的确是过少了。

可以说，正是在这种柔性政策的指导下，日本才出现了感染人数上升与众不同的趋势；**通过这种严格限制筛查的方式，日本才“有效”延缓了疫情高峰期的到来**。

二　日本采取“佛系”抗疫对策的主要思路

日本之所以采取这种对策，主要基于以下几点考虑。

一是要确保现有医疗体制不至于崩溃。众所周知，**日本的医疗制度和水平在世界上是首屈一指的**。根据世界卫生组织（WHO）统计，日本每一千人拥有的病床数为13.7张，远远高于世界平均的3.7张，高居世界第一，是中国的3倍。日本的医院数量也很多，主要分成国立或私立大型综合医院和深入社区的私人诊所。根据WHO2018年发布的《日本卫生系统评估报告》，截至2016年，日本共有8442家医院、101529家诊所。但**日本的传染病床位却很有限，日本根据传染病法设置的指定医疗机构仅有351个，共有1758个床位**。由于“钻石公主”号邮轮上感染的患者已经使用了数百张床位，一旦患者剧增的话，床位不足的问题就会凸显，甚至可能造成医疗机构的崩溃。如果能够有效控制疫情高峰，延缓患者增加速度，把病床数控制在现有承受能力范围内，在此基础上逐步增加可用病床数。虽然可能导致日本整体病程时间的拉长，却可确保医疗体系能从容应对，不至于陷入崩溃境地。

二是要尽可能确保经济能正常运转。受消费税上调及超级台风等因素的影响，2019年第四季度日本实际GDP环比下降1.6%，按年率计算降幅为6.3%，经济下降幅度之大超过各界预期，创六年来最大萎缩，加剧了日本经济恐陷入衰退的担忧情绪，特别是内需大幅下滑对经济增长的贡献为-2.1%。尤其是日本中小企业占全国企业总数的99.7%，根据日本工商会议所的资料显示，疫情之下有47.7%的中小企业担心或已知将会面临长期的营业恶化影响，而有44.4%的企业已经受到影响，这44.4%的企业中有72.7%的企业是由于产品或服务的订单、销售量或客流量减少导致，有42.5%是因为活动等被迫延期或中止导致损失发生，更让人瞩目的是已有23.1%的企业的现金流发生了恶化。按照工商会议所的景气测量数值，**日本的企业景气数值已经跌至2011年东日本大地震灾后时期，也就是跌落**

到了一个历史的低点。在这种情况下，若采取“硬核”措施，实行封城或者停工停产的话，日本经济可能陷入技术性衰退，这是日本政府最担心的事情。

三是在延期之前，日本欲力图确保2020东京奥运会如期举行（在3月30日，国际奥委会官方宣布2020年东京奥运会将延期至2021年7月23日至8月8日举行）。日本之所以于2019年提高消费税至10%，正是因为有2020年东京奥运会这个“金娃娃”的支撑。根据东京都地方政府对奥运会的经济效果初步估算，2013—2030年，东京奥运会将带来32万亿日元的经济效益。其中21万亿日元来自奥运会举办之前完善各种基础设施，11万亿日元来自奥运会期间及之后的10年举办的各种活动。据统计，日本政府已经为奥运会投入126亿美元。**一旦疫情暴发，导致奥运会被取消或延期的话，无疑会给本就不景气的日本经济雪上加霜**，也成为日本政府坚持“佛系”抗疫的一个主要考虑因素。

三　日本“佛系”抗疫的所谓“底气”在哪里？

来势汹汹的新冠病毒既陌生又狡猾，其高传染率、长潜伏期、无特效药等特点，使人们往往谈虎色变，绝不敢掉以轻心。有中国及韩国两个邻国和钻石公主号的前车之鉴，一向以谨慎著称的日本为何却采取了和风细雨式的“佛系”对策了呢？这是因为日本自认为有三个“底气”在。

一是对防控效果的乐观估计。日本不仅国内首例新冠确诊病例早，钻石公主号的惨痛经历也使日本自认为充分把握了新冠病毒的特征。日本对国内110个病例的研究发现，只有20%的感染者传给了他人，而且主要是在封闭的空间里。即使被感染上病毒，年轻人基本可以自愈，只有年迈者和有基础疾病的人容易出现重症，甚至死亡。因此，只要让轻症者居家隔离，重症者入院，其他人戴口罩、勤洗手、避免在封闭空间里面停留，基本就可以控制病情的扩散和传播。

二是有完备的医疗体系。日本在全国各地建立了大约500个保健所。发生公共卫生危机时，日本各级地方政府的保健所处于地方卫生管理的中心地位。遇上传染病流行时，保健所能够协调医疗服务提供者、医学研究者、药剂师协会等社会资源。由于新冠肺炎疫情进一步蔓延，日本厚生劳动省要求出现疑似症状的人员，需在就诊前向设在全国各地保健所内的“回国者—接触者咨询中心”进行咨询。老年人、有糖尿病等基础疾病者，如果症状持续2天左右就应进行咨询。日本专家认为，通过这种咨询的方式，可以防止轻症患者涌入医疗机构导致诊疗功能受损、交叉感染的发生。

三是日本民众的“自肃”性强。“自肃”在日语里是“自我约束、自我克制、自我管理”的意思，它是日本社会特有、在长时间的历史中形成的。为了不给他人添麻烦，日本人平时打了喷嚏或咳嗽都会对周围人说声对不起。在流感或花粉症盛行的季节，就算没有疫情，日本人也有戴口罩的习惯。至于勤洗手，幼儿园小朋友都训练有素。在自肃的要求下，日本各界都进行了调整。有疑似症状者主动在家里隔离；学校尽可能停课，减少组织活动，简化毕业典礼等仪式；公司实行弹性工作制，错峰上下班；商场缩短营业时间等。就是有这样良好的自肃性，即使上班族每天挤地铁，也很少被感染新冠病毒。

四　紧急事态下的日本抗疫政策依旧难言“硬核”

日本宣布2020年奥运会延期如同一道分水岭，此后感染者的确诊数不断攀升，大有暴风雨即将来临之势。那么，日本会不会如欧美国家一样，出现疫情大暴发的情形呢？日本这种“佛系”抗疫政策还能维持下去吗？

笔者认为，第一，**日本确诊病例数虽然会出现一定的增长势头，但不会出现如欧美那样大暴发现象，这主要缘于日本国民良好的自肃性，这是控制疫情暴发的根本**。欧美疫情大暴发的一个主要原因就是缺乏这种自肃性，疫情当前依然我行我素，甚至敌视戴口罩之人。日本民众良好的自肃性的确在一定程度上抑制了病毒的传播速度。这一点从日本核酸检测的确诊率可窥见一斑。据日本厚生劳动省统计，截至4月9日中午12时，笔者获得的数据是：日本国内（含包机和机场检疫）核酸检测总人数为64387人，确诊人数为4768人，确诊率约为7.4%。在日本严格控制核酸检测人数的情况下（推荐检测的人均是疑似患者），日本的新冠确诊率的确不高。以4月6—7日为例，日本国内共实施9139例核酸检测（是日本实施检测以来单日检测数据最高的一天），确诊人数仅为252人。反观3月31日的美国纽约，核酸检测1.8万人，确诊人数为9千人，确诊率高达50%。说明在日本的疑似病例中，流感人数的确占了大部分，这与美国的情形完全不同。当然这可能存在另外一种推测，就是美国新冠肺炎由来已久，只是没有检测而已，而日本的确是流感患者更多。

第二，**日本疫情的前景也没有日本某些专家想象得那么乐观，因为日本疫情在4月份出现几个令人十分担忧的现象**。一是感染

者数快速上升。自日本宣布延期举办2020年奥运会以来，感染者数就以每日超100人、200人、300人、400人乃至500人的速度增长，现已进入指数级上升阶段。如果再不对公共聚集场合，如交通、餐饮和娱乐场所进行有效封闭与管控的话，感染者上升趋势会加剧。**二是以年轻人为主的聚集性传染事例不断增加**。3月31日，日本爆出年轻人聚集感染的病例，感染人数超过30人。东京当日确诊的78个病例中，50岁以下的感染者达到53人，占68%。此后，年轻人感染者数一直居高不下。**三是感染路径不明者占比过高**。在日本确诊的病例中，感染路径不明的人数占比很高。3月31日，在东京78个感染者中，有49个感染路径不明者，约占63%。感染路径不明者的增加，给未来疫情预期增加了极大的不确定因素。**如果不能真正了解感染路径的话，疫情快速增长的势头将难以控制**。

在这种情况下，日本的"佛系"抗疫对策已经到了非改不可的时候了。2020年4月6日晚，安倍政府宣布了"紧急状态宣言"，由此东京都、大阪府、埼玉县、千叶县、神奈川县、兵库县以及福冈县将正式进入紧急状态，预计持续到5月8日。

第三，**这一紧急状态对策内容依旧不"硬核"，和日本政府已采取的措施没有太大的区别，只不过加上了"紧急"二字**。其一，**此紧急状态非彼紧急状态，并不等于封城**。正如安倍所说，"本次的紧急事态宣言，完全不是海外的封锁城市和封关锁国。根据专家组的意见，封锁道路之类的事绝对不会发生，也没有必要"。其二，**紧急状态的目标还是减少人与人接触的机会**。依然是通过"自肃"方式，请求国民改变生活方式，尽量减少外出和聚会，请求各商场不要开店，目标是在紧急状态期间，减少70%—80%的人与人接触的机会。可见，目前安倍"紧急状态"下的抗疫政策与之前的政策并没有太大的变化，就是**以维持经济发展、抵御冲击为目标进行有限度的抗疫**。

总之，日本的“佛系”抗疫对策的确在一定程度上起到了抑制疫情快速扩张的势头，延缓了疫情高峰的到来，为扩充医疗设施和疫苗研发争取了时间，减少了重症病例和死亡病例。但若要真正将对国民生活和国民经济的影响降至最低，必须快刀斩乱麻，实行彻底的“硬核”抗疫政策，正所谓长痛不如短痛。

（中国社会科学院世界经济与政治研究所研究员　倪月菊）

2020年慕尼黑安全会议卫生议题综析

——赴德国参加慕尼黑安全会议的思考

本文要点：公共卫生与安全议程的交叠是慕尼黑安全会议近年来关注的重点议题之一。应对具有严重后果的生物安全事件、在冲突地区提供卫生援助、应对新冠肺炎疫情是2020年慕尼黑安全会议期间广受关注的议题。与会者就一些问题达成了共识：一是现有的国际制度安排在应对可能出现的全球生物安全威胁方面存在不足；二是制药企业、非政府组织将在卫生安全威胁的应对中扮演重要的角色；三是传统的卫生人道主义援助必须调整以适应新的挑战。与此同时，在大国协调的可能性、加强世界卫生组织的角色抑或创设新机制等问题上，依然存在分歧和不同意见。

慕尼黑安全会议于 2020 年 2 月 14—16 日在德国慕尼黑召开。作为欧洲重要的国际安全政策年度会议，慕安会连续多年关注公共卫生议题。加之新冠肺炎疫情暴发，这一议题获得了前所未有的关注度。相关活动除了由美国智库核威胁倡议和战略与国际研究中心事先组织的生物安全桌演活动以及关于卫生安全的圆桌讨论之外，慕安会还增设了“新型冠状病毒暴发交流会”等活动，世界卫生组织总干事谭德赛也首次参加会议并发表了演讲。在相关活动中，40 多位全球卫生治理领域的学者、国际组织官员、非政府组织负责人进行了讨论。具体议题涉及国际生物安全事件应对机制、在冲突地区开展卫生援助、合作应对新型冠状病毒等。总体来看，与会者普遍承认，目前的国际制度安排在应对潜在的卫生安全威胁上存在重要不足，应鼓励多元行为体更多参与共同决策。但是，在具体的合作形式与合作内容上并未形成具体规划。

一　国际社会尚未对重大卫生安全事件做好准备

慕尼黑安全会议中涉及的卫生安全议题包括生物武器与实验室安全问题、在冲突地区提供卫生援助问题、应对新型冠状病毒这一全球公共卫生事件问题等。在不同议题中，与会者均提出，国际社会在应对此类安全威胁上准备并不充分，临时的、短期的合作安排难以应付潜在的疾病大流行。

一是信息核实与信息分享问题。无论生物安全威胁来源于自然发生还是人为，**即时获取信息并在各国、各部门之间充分地分享信息都是应对的关键步骤**。与会科学家提出，如果有国家以研发生物武器为目的进行病毒的改造与合成，由于生物原料无法追踪来源，在技术上不可能将病毒来源锁定至具体的实验室。《禁止生物武器公约》存在核实上的难题，国际社会几乎只能依靠参与研发的科学家“自证其罪”的方式了解到关键性信息。国家之间的政治敌对状态、恐怖主义活动等因素将让这一问题进一步复杂化。而在国际层面上，世界卫生组织与联合国安理会之间缺乏具体机制以保证公共卫生领域与安全领域的信息流通。

二是国际社会的反应机制问题。各国学者普遍认可，面对大规模的公共卫生安全事件时，**联合国系统中缺乏统一的指挥与协调系统**。虽然在2014年埃博拉疫情的应对中，联合国系统中第一次成立了跨部门的“卫生特派团”，但实际工作效率并不理想。联合国秘书长倡议下设立的全球卫生工作队已经停止运作，行政首长协调会议也没有事先制订的工作方案指导联合国各机构之间的协调。来自美国、德国的多位专家认为，有必要填补国际制度中的协调鸿沟，来自世界卫生组织的前任官员则指出，**与罗织复杂交叠的新机制相比，增强世界卫生组织的现有制度与组织结构或许是更加现实和理性的选择**。

另外，针对由生物实验室病毒泄露而造成的大规模传染性疾病，也没有现成的国际规范或程序为事件定性。对于此类事件**是否应当立刻启动寻源追责程序，与会者之间存在分歧**。具有公共卫生与人道主义救援活动背景的专家，认为政治要素的介入将对现实应对造成负面影响，而且在大规模公共卫生危机中，成功追踪到袭击来源的可能性并不高；相反，从事安全与外交工作的专家则赞成由包括联合国安理会在内的国际机构启动调查程序，并认为此举不仅有利于防范未来发生同类事件，而且可以起到激发国际合作的正面作用。与此同时，由于现场调查具有高度侵入性、相关主权国家的同意与配合必不可少，支持派观点还提出，可以利用传统上的外交联盟向采取抵制态度的国家施加压力。

三是国际社会的准备措施问题。与会者的共识是，目前无论在国家层面还是在国际层面，技术、物资、资金等多方面的准备都是不充分的。科菲·安南基金会负责人提出，2003年以后各国普遍中止了对SARS疫苗的研究工作，一定程度上造成面对新冠肺炎疫情时措手不及。来自美国的多位学者认为，目前，许多国家在核武器这一“永远用不上”的装备上投入过多，**应当考虑建立疫苗与药物的“武器库”，并在药物与疫苗的研发、储备、分配、分发上建立国际规则**。并且，在这一过程中，充分地将制药企业、研发机构等非政府机构纳入协调进程是非常关键的。基金会与慈善组织提供的资金能够在一定程度上缓解全球卫生筹资不足的困境，但目前还没有固定的国际机构负责与私人部门进行对接。

四是传统安全问题与公共卫生威胁交织的问题。在冲突地区如何提供卫生服务、应对人道主义危机是战略与国际研究中心组织的圆桌讨论的议题。与会学者普遍赞同，政治安全局势不稳定将极大地阻碍公共卫生活动的开展，并且对于新冠肺炎疫情可能传播到相关国家与地区的前景表示了极大的忧虑。多位在刚果（金）冲突地区领导公共卫生救援行动的专家提出，**在不安全的环境下，公共卫生项目成功的关键是与当地社区接触，赢取信任并让当地人参与到行动中**。全球疫苗与免疫联盟负责人指出，该机构之所以能够在非洲地区广泛开展活动，得益于和政府保持良好的合作关系，大量培训当地卫生人员而非直接介入。**针对卫生人员的暴力袭击是人道主义活动最大的威胁，也让国际救援机构日益因为担心安全风险而不愿意涉足这些地区**。美国专家认为，国际社会对此类行为应当采取“零容忍”的态度。

不得不承认，现实危机的发展所暴露出的国际社会脆弱性，事实上已经超越了会议讨论的内容。从2020年3月份开始，新冠肺炎疫情席卷欧美，美国、英国、意大利等被认为卫生安全准备水平最高的国家，恰恰疫情最为严重。公共卫生危机同时外溢为经济危机、社会危机，甚至有可能成为国际政治危机的导火索。即便慕尼黑安全会议卫生议题的组织者与参与者都在该领域有长期研究和实务经验，讨论涉及的广度与深度也有局限。

二　国际制度的变革是维护卫生安全的必由之路

与会专家学者在应对卫生安全威胁上，重点关注的是如何通过国际制度与国际组织的变革实现这一目标。

第一，**如何加强世界卫生组织**。在交流会环节，世界卫生组织紧急项目执行主任介绍了为应对新冠肺炎疫情所进行的系列活动，并高度赞扬了中国所做的努力。国际社会应当支持中国的抗疫努力是大多数与会者的共识。盖茨基金会负责人在赞赏世界卫生组织工作的同时，特别提出要关注对它的财政支持问题。这一主题也受到其他场次讨论的关注。有学者提出，世界卫生组织可以召集私人部门讨论它们在卫生紧急状态下提供物资与资金的具体步骤。与此同时，《国际卫生条例》的审查委员会也应当在评估并加强成员国大流行疫情应对能力上被赋予更大的权威。

另外，与会专家还提出，世界卫生组织在生物安全议题上拥有独特优势，即与全球各地的生物实验室保持了良好的合作与交流。因而，**为了强化对全球生物实验室的管理、防止人为或无意的生物物质泄漏，应当设计一套新规则**，规范相关实验的注册程序、伦理委员会的批准程序、生物材料的管理与交易程序等。为了保证这一机制的顺利进行，科学家之间的常规交流互动将是非常必要的。

第二，**如何加强联合国系统内的协调运作**。联合国系统内的多个机构——包括世界卫生组织、联合国人道事务协调厅、联合国安理会、联合国裁军委员会，在预防和应对可能出现的大规模卫生危机（包括生物袭击事件）中都应当扮演积极角色。而且，人道主义部门与公共卫生领域内相关机构之间的协同渠道畅通将尤为重要。为此，**美国专家建议，联合国秘书长应当设立新的常设机构，负责跨部门沟通与协调工作**。相关工作既包括在危机时确定各机构的职责范围、统一指挥，也包括平时进行常规性的演习演练、信息分享等。

第三，**如何加强新型多边伙伴倡议在卫生危机中的作用**。全球疫苗与免疫联盟（GAVI）、流行病预防创新联盟（CEPI）这类**由政府、基金会、非政府组织、企业共同组成的新型多边伙伴倡议，在相关讨论中获得了特别关注**。与会专家普遍赞同，这类机构在疫苗、药物、诊断手段的开发与生产上扮演重要角色。在新冠肺炎疫情以及其他全球公共卫生危机的应对中，应当充分重视并发挥其潜力，包括在其合作国家中及时追踪并报告疫情发展、开展政策倡议活动以及提供技术和管理方面的技术支持。这类机构的运作较少受到国际政治与外交关系的干预，更多地考虑低收入国家的实际卫生需要。GAVI 通过与制药企业的谈判，成功以较低价格为发展中国家提供了大量疫苗。但是也应当注意到，国际层面需要事先针对疫苗安全性达成质量控制协议，而且疫苗生产商与制药企业对利润的追逐有时导致无法兑现产品交付承诺。另外，虽然这类行为体的积极作用得到充分肯定，但与会者并未对国际组织应该如何接触，以及怎样形成具体的安排保证其作用的发挥给出具体的建议。

三　启示与建议

第一，**深刻总结并反思各国在新冠肺炎疫情应对中的政策失误，建立公共卫生问题上的科学决策机制**。世界主要国家的公共卫生资源在这场危机中均捉襟见肘，应对政策也是莫衷一是。推演中的政策与制度漏洞在现实中一一显露。应该说，重大跨国传染性疾病可能造成的破坏，以及在应对危机中面临的许多具体问题，在学术研究的层面已经被充分意识到并且得到反复讨论，但是，**包括美国在内，很多发达国家都未能将知识与信息及时地转化为预防性的政策**。

回头来看，在状况尚不明朗的疫情早期阶段，担忧过度反应带来不必要的社会经济成本——包括调动新资源应对危机以及改变事先设定的工作日程——的考虑，恐怕是普遍存在的阻碍决策者及时做出反应的重要因素之一。**我国在完善公共卫生信息通报机制的同时，还要进一步推进决策进程的科学化与法制化**，按照一定的程序开展公共卫生领域中的决策，保证公共卫生事务的优先度，充分发挥专业人士的决策咨询角色。

第二，**从全球应对机制来看，各国学者对于存在问题的共识度高，但对该如何改进应对机制的共识少**。新冠肺炎疫情的全球蔓延，进一步凸显了传统全球卫生治理以西方发达国家向发展中国家短期、临时性的“输血型”治理的弊端。**以世界卫生组织为中心的全球卫生治理体制的重大改革将是后危机时代国际政治中的重要议题之一**。

中国应当把握全球卫生治理改革中的两个主要动向：一是非政府行为体以及新型多边机制将在全球范围内获得更大的话语权。中国与GAVI有着长期的合作经验，正在逐步从受援国向捐助方过渡。中国应当加强对这类新机制的研究，并争取扮演更加积极的角色，包括适度通过新的多边渠道提供卫生援助。**二是公共卫生基础设施建设的紧迫性凸显，多边开发银行在国际公共卫生领域的地位将进一步上升**。世界银行、亚洲开发银行与发展中国家之间的应急基础设施合作的涌现是新冠肺炎疫情带来的新型合作内容。未来，**发展中国家对更广范围内与公共卫生相关的基础设施投资的需求可能进一步增大**。中国的对外卫生合作，特别是“健康丝绸之路”建设应当及时把握相关需求，并探索相应的合作模式。

第三，**中国应当鼓励科研人员更多地参与相关国际会议与讨论，扩大“朋友圈”**。在本次新冠肺炎疫情的国际应对中，科学家与专业人员跨国交流的重要性得到凸显。知识共同体的存在，不仅在一定程度上弥合了国家间的信任裂痕，而且将在未来的生物安全、跨国传染性疾病应对等议题领域国际规则制定中扮演更加重要的角色。不可否认，在新冠肺炎疫情发生后，部分国家确实存在疑华反华的情绪。**以合作的态度理性回应国际社会的关切，增进外界对中国的了解，才能增强我国国际公共政策的倡议能力，真正有助于人类生命健康共同体的构建**。

（上海外国语大学国际关系与公共事务学院副研究员　汤　蓓）

全球治理调研与分析

跨境数据流动的治理形势与思考

——参加比利时中欧数据安全研讨会的观察

本文要点：当前，数据已经成为国家推动数字经济发展的战略资源，数据跨境流动也成为网络空间国际治理和数字贸易规则制定的焦点问题。与其他生产资料不同，数据跨境流动不仅事关个人权利的保护以及产业创新力的维护，而且关系到国家安全和主权。网络大国制定本国数据跨境流动政策更多是依据本国的政治经济实力，并形成了数据本地化与跨境数据流动两种政策类型。在全球层面，数字贸易规则的谈判正在各个层面上展开，随着大国间竞争的加剧，围绕数据跨境流动规则的博弈将会日趋激烈。

2019年11月28日—12月1日，笔者随团参加了由中国互联网发展基金会、中国网络空间安全协会和布鲁塞尔隐私研究中心共同举办的“中欧数据安全和个人信息保护”研讨会。同时，笔者也参加了欧洲学院中欧研究中心、华为布鲁塞尔网络安全透明中心以及中欧数字协会的交流活动。数据安全和跨境流动已经成为全球治理的重要内容，涉及互联网治理、数字贸易和国家安全的特性更是突出体现了数字时代全球治理的跨领域特征和趋势。结合出访体会，笔者拟从国际关系的视角来分享一下对当前数据跨境流动治理问题的认识。

一　数据跨境流动问题的由来

随着以互联网、大数据、人工智能、物联网为代表的信息技术的快速发展及应用，信息化和数字化不断普及，网络空间的内涵和外延不断扩大，互联网已经从最初的工具和技术属性不断拓展延伸而成为涵盖多层次、多领域、多主体的网络空间，并具有了媒体属性、社交属性、产业属性、文化属性以及军事属性。网络空间中有关信息生产、流通、加工、存储与使用的活动急速上升，这些流动信息的载体就被称为数据。据国际数据公司（IDC）的报告，到2025年，全球数据总量将会从2018年的33ZB激增至175ZB。

在互联网发展的早期，数据的价值属性主要是作为信息的载体存在，而随着大数据技术和人工智能的发展，数据的加工能力和使用能力不断提升，网络数据的信息价值和战略价值得以深度挖掘。一方面，数据是人工智能、量子计算等新技术发展应用的基础和动力；另一方面，基于数据的预测与决策也在很大程度上成为许多产业向前发展的动能和保障，为数字经济发展注入新动能，并且在很大程度上助推了经济社会形态及个人生活的重构。

作为一种新型的生产要素，**数据已经成为数字时代重要的战略性资源**，数据治理和跨境数据流动问题由此而生。麦肯锡全球研究院发布的《数据全球化：新时代的全球性流动》报告指出，自2008年以来，数据流动对全球经济增长的贡献已经超过传统的跨国贸易和投资，不仅支撑了包括商品、服务、资本、人才等其他几乎所有类型的全球化活动，并且发挥着越来越独立的作用，**数据全球化成为推动全球经济发展的重要力量**。

但是，和其他生产要素不同，**数据跨境流动问题包含了多重属性和多重目标**，其根源在于数据价值的多重层次。首先，基于数据所衍生的权利是人权层面上一项新的基本权利，按照欧盟《通用数据保护条例》的表述，自然人在数据处理方面获得保护是一项基本权利。这项权利既具有保护隐私和安全的人格属性，又具有维护其应有利益的财产属性。其次，作为一种生产资料，数据在社会层面所衍生的控制权和使用权是企业所持有的新的权利。作为最重要的数据持有者或者控制者，企业享有对数据进行加工、使用、流通和存储的权利，数据产权也应得到合理的保护和约束。最后，由于数据对国家的发展和安全息息相关，数据在国家层面还衍生出新的国家主权，国家享有对境内数据安全和合理利用进行规制的独立自主权，不受他国侵犯和干涉。

因此，**当数据跨境流动成为全球治理的重要内容，其“三位一体”的特征凸显**。从国内治理的视角看，数据治理包含了三个层面的内容：在个人安全层面表现为个人隐私保护；在产业层面表现为企业运行和产品安全以及创新活力；在国家层面则事关国家政治和经济安全以及数字经济活力。这三个层面会涉及不同的利益相关方，个人、企业和政府的利益需要在一个统一的框架内得到协调，需要寻求彼此之间的平衡。在全球层面，尽管这三个层面的规则制定进程是相对独立进行的，但从内容上看，它们涉及的利益彼此紧密相关，不可能也不应被割裂，而是应放在一个有机的整体内进行统筹规划。

二　欧盟的数字战略与全球数据跨境流动

跨境数据流动最初是源于企业的商业行为，为了降低数据传输和存储的成本，很多企业会选择设立全球统一的数据中心，将分散在全球各地的数据集中到数据中心进行分析和使用。一方面，跨境数据流动在促进经济增长、提升创新能力、推动全球化发展、保障用户数字权利等方面发挥了积极的作用；另一方面，跨境数据流动也引发了侵犯个人隐私、减少本国数字产业发展机会、影响本国政府执法以及威胁国家主权与安全等方面的风险。因此，对数据跨境流动进行规制逐渐成为各数字大国的重要政策目标。

欧盟在世界各大经济体中对数据跨境流动问题最为积极。最初，欧洲的跨境流动政策主要聚焦于公民隐私保护，2000 年欧洲与美国签署了《数据安全港协议》以实现双方的数据自动交换；2013 年棱镜门事件爆发后，欧洲国家对美国政府侵犯用户隐私进行监听的做法十分不满，并担心美国政府的“大规模数据监控”会对国家安全造成损害。2015 年，欧洲法院裁定《数据安全港》协议无效，并于 2016 年签署了欧美《隐私盾协议》，就跨大西洋个人数据传输的隐私保护问题达成协议。自此，跨境数据流动成为欧盟网络空间治理工作的重中之重，欧盟议会随后在 2016 年通过了《通用数据保护条例》并于 2018 年 5 月生效，该条例旨在保护欧洲公民的个人隐私和数据安全，被称为“互联网诞生以来最严格”的数据监管法案。

从战略上看，欧盟希望通过实施数字化单一市场战略，消除欧盟境内数据自由流动障碍，以数据保护高标准引领全球数据跨境流动规则的制定。2015 年，欧盟提出实施《数字化单一市场战略》，并陆续出台了一些政策，致力于把数字单一市场建设作为推动发展的新动力、新引擎。总体上，**欧洲的数字经济战略具有相当的“保护主义”色彩**。一方面重视大数据，大力推动产业数字化和劳动力数字化，大力发展数字经济；另一方面，以个人数据保护为抓手，通过“长臂管辖”的方式将其规则和价值观向全球扩展。从目前进展来看，欧盟数据战略在区域内实施的效果尚不清晰，过于严格和超前的数据保护规则在一定程度上抑制了企业的创新发展，数字单一市场建设的进展缓慢。在区域外，欧盟通过“充分性认定”已经确定了13个可以与欧盟进行数据跨境自由流动的白名单国家，并通过二十国集团（G20）、世界贸易组织（WTO）等平台积极参与国际规则的制定。

与欧盟保护主义色彩浓厚的数字战略相比，美国的数字经济战略更具扩张性和攻击性，其目标是确保美国在数字领域的竞争优势地位。2015年，美国商务部发布数字经济议程，聚焦于推动建立自由开放网络、促进网络诚信、确保宽带接入以及激发技术创新活力作为主要目标；2016年发布的数字经济议程明确提出了四大目标：全球信息的自由流动、可靠和安全的网络环境、强大的基础设施以及在数字化全球经济中生存的技能、创新和新技术。在数据跨境流动方面，美国一方面主张个人数据跨境自由流动，进一步扩大自身的领先优势；另一方面界定重要数据范围，限制重要技术数据出口和特定数据领域的外国投资，遏制战略竞争对手的发展。此外，美国也充分利用了国内法的“长臂管辖”，通过制定《澄清境外数据的合法使用法案（云法案）》来满足跨境调取数据的执法需要。

综上可见，一国数字经济战略和政策的形成与该国的数字经济实力、国家的政治文化和价值观都有密切的关系。目前，**全球的数据跨境流动政策基本可以划分为三种立场：美国力推数据自由流动、欧盟主张有管理的数据流动和中俄所坚持的数据本地化**。如前所述，由于数据不同于其他生产资料的特征，数据跨境流动政策需要在个人权利、产业权利以及国家主权之间寻求平衡，数据本地化政策体现了国家对安全问题的优先考量，而数据自由流动则凸显了对发展利益的侧重，国家需要在安全与发展利益之间寻求一个平衡点。

三　围绕数字贸易规则的大国博弈

在国际规则层面，数据跨境流动的大国博弈主要体现在数字贸易规则的谈判。2017 年 12 月，43 个 WTO 成员方发表了一份《电子商务联合声明》，宣称将为 WTO 进行“与贸易有关的电子商务规则”谈判开展探索性工作；此后到 2018 年年底，美国、欧盟、加拿大等 11 个成员提交了多份提案，认为现行的 WTO 规则已经无法适应最新技术的发展需要，迫切需要在国际层面建立统一的规则，这些提案涉及数字贸易、澄清 WTO 与电子商务相关的现有规则、市场开放、国内规制、跨境电子商务便利化、促进包容性发展、提高透明度、知识产权八大议题。2019 年 1 月，中国和澳大利亚、日本等 75 个成员在瑞士达沃斯签署了《关于电子商务的联合声明》，确认有意在世贸组织现有的协定和框架基础上，启动与贸易有关的电子商务议题谈判。

在现有国际经济体系中，**美日欧等国拥有较强的规则制定和议题设置能力，在国际平台上努力推动国内治理规则的国际化。一是美国**。特朗普政府上台后，尽管美国退出了跨太平洋伙伴关系协定（TPP）谈判，但美国有关数字贸易的立场并没有改变，而且通过双边和区域谈判，如《美墨加协定》（USMCA）将其进一步落地实施；在 G20、亚太经合组织（APEC）、WTO 等国际机制中，**美国也在推广其数字贸易主张**，旨在进一步消除其认为的“数字贸易壁垒”，**为本国企业占领海外市场消除障碍**。**二是欧盟**。与美国不同，**欧盟更多聚焦于社会和治理层面**，强调个人信息和隐私保护、服务贸易市场准入、电信互联网管理等问题，通过引领监管和治理机制变革来确保其规则制定的话语权。**三是日本**。日本的立场与美国大致接近，支持促进数据自由流动，但同时更**注重发展问题**，例如加强对发展中国家的技术援助，主张构建以信息与通信技术为核心的智能社会来解决人口老龄化和劳动力不足的问题。

从大国博弈的视角来看，**不同的立场折射出不同国家的核心利益诉求**。美国追求数据跨境自由流动背后的最大依仗是美国企业在网信领域的绝对优势，为了在全球获取更大的竞争优势，强力对外扩张是其必然的选择，只有这样，美国企业才能在全球市场获得更大的收益。欧洲国家的对外战略中始终把社会层面的个人权利置于优先的位置上，这在他们看来是人权的基本保证，是追求经济发展和实现国家安全的必然前提，因而他们对个人信息保护的目标追求可谓不遗余力，甚至不太顾及是否会影响到企业的创新活力。以中国为代表的新兴经济体国家既要谋求发展，同时又必须确保安全，特别是基于网络安全保障能力的相对受限，在确保安全的基础上谋求发展是应有之义。核心利益诉求的差异决定了国家在数据跨境流动问题上不同的政策目标，可以预测，未来大国争夺数字经济规则制定话语权的竞争将会日趋激烈。

四　应对建议

中国在数据跨境流动和数字贸易规则制定方面目前处于比较保守的态势。在国内我们坚持数据本地化政策和有序的数据流动，在国际规则中我们**更关注电子商务这些传统议题**，对于跨境数据流动等新议题，中国认为应该在尊重各国政策目标的基础上稳步推进，谈判目标不宜过于激进。很明显，我国政府的立场更加审慎，希望在这些新议题上保留更多的政策制定权，而不是让渡给国际组织，这与美国和欧盟在国际数字规则层面的立场形成了较大的反差。

从外交的角度看，数据治理会受到国家政治对外战略的限定和影响，除了经济上的考量之外，数据跨境治理还涉及安全和社会层面。数据治理表面上是安全和发展，其背后则体现了一国的文化和价值观。中国外交这几年面临的形势日益复杂，特别是在美国对华战略出现重大转变的时期，意识形态因素又有上升的趋势。与冷战时期不同的是，意识形态牌更多地被西方国家用作大国博弈的一种工具，如何改变当前的不利局面需要从外交层面加以考量。

结合上述形势和感受，提出如下应对建议：第一，各相关主管部门加强协调，**尽快制订出我国的跨境数据流动规则的方案**，综合考量其所包含的发展和安全利益；第二，**充分利用现有的国际交流与对话机制**，征求国际社会对我国方案的意见，探讨与欧盟《通用数据保护条例》对接进行充分性认定的可行性，加强与周边国家的对话，探求达成共识的基础；第三，**外交上要有所创新**，在意识形态分歧难以改变的当下，**更多从实践层面入手**，展示中国的经验，听取国际社会的意见。这样或许可以首先在一般性领域寻求更多的共识，打造彼此的互信，期待能够产生由下至上的溢出效应。

（中国社会科学院世界经济与政治研究所研究员　郎　平）

东盟“10+3”国家经济新常态评析

——赴泰国参会感想

本文要点：中美贸易摩擦使得东盟各国经济增长面临不确定性，多个国家出现投资低迷、贸易下降等问题，从中受损；越南等少数国家因贸易转移成为获益者，但是也面临全球经济风险上升的威胁。各国对中美经济发挥全球经济稳定器的作用仍寄予期望，但不认为中美达成协议会给其他国家的经济发展带来好处，相反认为自身利益在中美达成贸易协定后可能会受损。这说明虽然国际上存在反全球化的呼声，但是逆全球化可能会带来新的利益分配问题，从而引发矛盾。东盟国家对区域内经济合作寄予厚望。

2019年12月12—13日，由亚洲开发银行学院和泰国朱拉隆功大学经济系合办的“引航东盟‘10+3’国家新常态”的地区研讨会在泰国曼谷召开。会议邀请了东盟“10+3”各国的专家学者，商务部、财政部、外交部等相关政府官员，亚洲开发银行、世界银行等国际组织以及泰国的商业银行代表参加。笔者受邀参加了本次研讨会，就中国产业结构转型与中美贸易摩擦的影响发言，并参加了大会的开放性讨论。这次论坛旨在会集国际组织的决策者及各国学者和专家，提供一个公共政策的对话平台来讨论亚洲国家如何应对新常态的挑战，并恰当地制定应对政策。

一　东盟“10+3”国家对新常态的关注

2019年国际货币基金组织（IMF）的研究报告指出，由于发展中经济体的增长低于预期，世界经济增长仍然低迷。一些迹象显示，全球增长缓慢是由一些宏观经济风险造成的，例如贸易形势紧张、投资者信心不足导致投资疲软、反通胀压力、主要经济体的经济放缓程度超过预期等。考虑到这些因素具有中长期特征后，可以判断**全球经济正在走向新的常态**。

过去五十年来，亚洲一直是全球经济增长的领头羊，国际贸易和外商直接投资的发展使得亚洲迅速融入全球经济，同时这一地区具有高储蓄率、对人力和实物资本大量投资、宏观经济政策健全的特点，较长时期的经济持续发展得以实现。然而最近的一些证据显示，**亚洲经济从经济复苏期向经济动荡期转变的趋势正在显现**，这种趋势类似于1997—1998年的亚洲金融危机和2008年的国际金融危机的情形。同时世界其他发展中国家也面临着与亚洲同样的经济和社会挑战，这严重影响了全球经济和金融稳定。这些挑战包括2018年以来发生的美国和中国之间的贸易摩擦、英国硬脱欧带来的不确定性影响、世界多国央行最近开始实施的货币量化宽松政策、数字经济给传统经济带来的挑战、中国经济转型以及地区人口老龄化导致的地区潜在增长率下降。这些威胁和风险正在迫使全球经济走向新的平衡或者说进入新常态。**为了应对这一新常态，适当和紧迫的政策设计和经济改革是恢复经济活力、保障经济稳定的必要措施**。

东盟“10 +3”国家事实上共同承担着经济增速下滑的命运，在共同面临经济增长新常态的过程中，地区国家间需要更充分的沟通与合作以提出新形势下的政策设计框架、推动适当的经济改革，避免可能由贸易摩擦、产业链受损、金融冲击和其他潜在风险造成的经济动荡升级，并致力于恢复经济活力、促进经济增长和金融稳定、保障公平发展。

二　主要议题和关键讨论

此次论坛主要包括五个议题：（1）全球和地区经济展望与挑战；（2）贸易摩擦及其对东盟“10 +3”的影响；（3）金融一体化及稳定性；（4）贸易摩擦及其影响的政策对话；（5）新常态下地区金融市场面临的威胁和机会。

（一）全球和地区经济增长前景

亚洲开发银行经济研究与地区合作部的经济学家认为，**最近一个时期全球经济活动和贸易疲弱，其中中美贸易摩擦产生了很大的负面影响**。目前一些国家投资下降、债务水平上升等变化趋势都非常显著；使用国际投入产出表进行的分析表明，如果贸易冲突持续存在，一些国家可能需要进行贸易重新定向和生产重新定位。世界银行高级经济学家认为，在全球需求减弱和贸易政策不确定性加剧的情况下，2019 年上半年东盟“10 +3”各国的经济增长放缓，出口增长急剧下降，随后该地区许多大型经济体的投资增长下降，**短期内地区增长前景的下行风险加剧，需要采取**

积极的政策措施来管理这些风险。潜在的政策空间包括：其一，提高支出质量，维护财政可持续性；其二，制定健全的债务管理战略，管理各国债务组合的风险敞口；其三，继续推进贸易开放，深化区域一体化；其四，实施结构性改革，提高生产力，促进贸易和投资，鼓励创新。亚洲开发银行研究所（ADBI）的经济学家认为，**中美贸易摩擦使得每个国家都感受到经济下滑的压力，而中美两国特别是美国有责任维护全球贸易体系的和谐与全球经济的未来增长**。贸易紧张是一个长期问题，也会给全球带来危机，每个国家都会从中受到不同程度的损害，目前中美两国的产业已经感受到压力。但是，考虑到新兴国家和发展中国家的贸易转移、产业转移以及产品的互补性，它们之间的贸易和投资合作潜力巨大。东盟“10+3”宏观研究办公室专家认为，在通向新均衡的过程中应避免经济社会滑入“黑洞”，要注重可持续发展，不能将全部的注意力集中于经济增长而损害长期环境安全，不能因致力于创新而牺牲就业，不能因推广基础设施联通而忽略国家安全。**应将注意力超出功能性合作，从而深化经济、金融和社会领域的合作**。

（二）中美贸易摩擦的国别影响

受中美贸易摩擦冲击与影响的首先是中国。笔者认为，从中国经济发展近一个时期的趋势来看，中国正在失去大量低技能劳动力无限供给的优势，这意味着**传统的生产比较优势不复存在**，在未来一个时期，相对而言更高教育水平的工人供给过剩，通过外商直接投资促进全要素生产率增长的作用逐渐减弱，**创新是实现经济继续增长的唯一出路**。这样的经济发展转型现实是在中美贸易摩擦出现之前就存在的中国经济既定现实。在这个意义上，很难说中美贸易摩擦改变了中国经济的发展前景，与此相反，它可能通过更严峻的国际竞争环境淘汰一批竞争力不足、附加值有限的中国企业，加速了中国产业转型升级。然而，在中国经济面临关键的转型时期，贸易摩擦使得一批不具有竞争力的行业、企业和个人承担了更大的压力，使得经济和社会转型成本集中发生，给公共政策带来挑战。

其次是日本。东盟—日本研究中心的研究项目主任认为，**中美贸易摩擦导致的提高关税政策对日本的影响效果有限**。从负面影响来看，贸易摩擦使得国际市场对日本产品的需求下降、出口下降、全球经济增长衰退；从积极影响来看，贸易摩擦将带来出口转移和贸易重新定向。为应对中美贸易摩擦的冲击，日本一部分企业进行了区位调整，另一部分仍在“观望”，政府采取了一些投资促进计划，也对产业和行业的经济安全进行了评估。

再次是韩国。韩国庆熙大学的教授指出，**如果美中贸易摩擦和贸易保护主义成为新常态，这将对韩国非常不利**。如果美中最终达成贸易协定和双边有管理的贸易，这只会对美国和中国有利，它引发的反向贸易转移效应可能使韩国和其他国家受损，特别是大宗商品贸易协定可能使小的商品出口商严重受损。对其他国家而言，最理想的情况是恢复以前的税率、同时进一步开放中国市场并保护知识产权。否则，中美贸易摩擦会是一场影响全球所有经济体的全球性冲击。**区域全面经济伙伴关系协定（RCEP）可以作为一个很好的缓冲，刺激东盟“10+3”之间的贸易**。

最后是越南。**中美贸易摩擦发生后，越南成为东南亚地区的最大赢家**。越南国家银行主管认为，2019 年全球经济增速为 2008 年国际金融危机以来最低，然而 2019 年越南经济保持高速增长，国内生产总值预计增长 6.8%；出口继续增长 8%，进口增长 7%；通胀控制在 3% 以下；中国对越南的外商直接投资迅速增长。在这一过程中，越南货币市场、利率和汇率稳定，流动性得到保证，信贷结构发生积极变化。其主要的原因就是受到中美贸易摩擦的影响。2018 **年以来的中美贸易摩擦给越南带来了机遇也带来挑战**。在机遇方面，越南进出口、外商直接投资特别是中国到越南的投资都迅速增加；通货膨胀趋于减少，预计到2020年通货膨胀率将处于3%以下；同时，由于各国央行降息的趋势，越南市场利率也趋于下调，金融市场流动性呈上升趋势。此外，由于美元可能长期贬值并且外汇供应充足，预计越南盾/美元汇率将在一个较长时期保持稳定。在资本市场上，由于宏观经济稳定、国内生产总值高速增长、市场机会相对公平，以及预计外国投资者投入20亿—30亿美元，越南股市积极向好。

目前，越南对自身经济增长前景的担心包括以下几方面：一是越南经济规模不大，新兴市场隐性资本流动不稳定，越南经济增长可能受到他国流动资本控制，此外全球经济风险上升也给越南经济带来负面影响。二是中美贸易摩擦可能影响越南出口、投资生产和出口企业的经营，并可能降低银行的信贷增长。三是由于从中国进口的增加和出口的减少，外汇供应可能受到影响。四是人民币贬值给越南盾贬值带来压力。五是与东南亚地区其他国家的银行相比，越南银行的股本较低，缺乏管理和应对风险的经验，特别是应对经济冲击和世界经济风险的经验。

（三）金融市场的风险与合作

亚洲开发银行研究员认为，近年来理解和衡量宏观审慎政策在抑制金融周期方面发挥的作用已成为一个重要问题。以前的研究往往侧重于发达经济体，而且主要集中在信贷方面，但实际上**亚洲新兴市场的金融周期明显受到全球因素的影响**，包括全球风险厌恶和美国的溢出效应等。印度尼西亚东盟秘书长认为，**东盟金融一体化会带来跨境金融和资本市场交易的增加**。深入、流动和高效资本市场的不断发展将使该区域能够将其巨额储蓄用于生产性投资，并使基础设施和经济发展的资金来源多样化。随着金融一体化程度的提高，跨境金融监管和协调至关重要。对金融一体化的监测应被赋予更高的优先级和紧迫性，同时需要加强系统的监测以维护金融稳定。正在进行的金融服务数字化举措非常值得肯定，但要实现最终目标还需要做出更多努力，这包括区域内数据集成、进一步制定法规和标准等工作。可持续金融为该区域提供了巨大的机会，有助于实现可持续发展。区域金融一体化本身不是目的，而是旨在实现发展目标的政策工具，因此，**东盟成员之间亟须有效的宏观经济和金融政策协调**。

三　东盟“10+3”国家经济新常态之评析

第一，**东盟国家既不支持中美贸易摩擦，也不对中美贸易协定的达成充满期待**。东盟国家普遍认为，中美贸易摩擦及其可能达成的协议对于东盟国家而言都具有消极影响。它们对中美两国作为全球经济稳定器的作用仍然抱有希望，这种希望中既包括对于维持原有贸易秩序的期望，也包括借此打开中国市场的愿景。在这个意义上，它们不赞成贸易摩擦，也不认为中美贸易协定的达成会给自身经济带来转机。

第二，**中美贸易摩擦对于不同国家带来的影响具有差异性**。虽然贸易摩擦导致世界经济形势的不确定性增强、投资下滑，但是这并不意味着所有国家都在贸易摩擦中受损，一些发展中国家的受损程度较小，另一些国家则可能由于贸易转移问题等受益。这也就是说，反全球化的重要原因之一是国家之间、人群之间没有平等地分享全球化红利，但是反全球化所带来的逆全球化浪潮也可能使国家之间、人群之间不能公平地分享机会。甚至，逆全球化之后，大宗商品定向采购或者其他方式的经贸关系都可能导致国家、人群间福利差异更大，机会更加不均。

第三，**在中美贸易摩擦和全球经济新常态背景下，东盟国家对于区域合作有了更高的期望**。中国以及全球的经济新常态是由一些长期因素导致的，中美贸易摩擦恶化了新常态下很多国家的潜在政策选项。东盟国家希望在中国发展的过程中找到自身的契机，东盟国家具有很多共同特点，这使得国家之间虽然具有一定的替代性，但是由于体量差异以及区域经贸联系的紧密度，相互之间命运共同体的作用比世界其他国家和地区更为清晰。在加强区域一体化方面，可选的政策包括配合财政政策和其他宏观经济政策，积极、灵活、审慎地管理货币政策，控制通货膨胀，保持宏观经济稳定，支持经济增长，稳定货币和外汇市场。同时，与会代表指出，没有中日韩的（战略性）政治互信，东盟国家的发展前景会受到影响。

第四，**在新的国际政治经济变化格局中，小国仍然对国际组织寄予厚望**。在大国之间发生摩擦、实力角逐变化的过程中，小国经常被迫选边站队。而大国实施的政策，如日本推广的基础设施建设、美国的印太战略以及印度的反应等都使得东盟小国的发展环境和前景受到裹挟。“东盟不是欧盟”，它的一体化程度更低，小国的利益受损非常明显。在这一过程中，大国可能会忽略小国的处境，但世界银行等国际组织仍会关注小国的呼声，它们在全球治理中发挥的作用无法替代。

（中国社会科学院世界经济与政治研究所副研究员　宋　锦）

全球经济治理的困境与出路：北欧的作用

——赴挪威学术交流体会

本文要点：美国政策制定者正积极寻求与中国“脱钩”，美国利用与欧洲牢固的安全、经济、政治和文化纽带，对合作伙伴和盟友施压，北欧是其策略的重要一环。在这样的大背景下，中国需要付出更多的耐心与韧性加强与欧盟的合作。本着求同存异妥善处理分歧的原则，充分利用既有双边合作机制，在中国与北欧共同关心的问题上深化合作。可以设立专门机构，将中国的北极政策和“一带一路”倡议作为推进对北欧整体外交的工作重点。

2019 年 11 月 18—21 日，中国社会科学院世界经济与政治研究所调研团队赴挪威奥斯陆进行学术交流。首先由世界经济与政治研究所与挪威国际事务研究所（NUPI）共同举办“第二届中挪年度学术研讨会”，主题为“全球经济治理”；其次 NUPI 安排世界经济与政治研究所学者与挪威学者围绕“一带一路”倡议（BRI）进行专题对话；最后世界经济与政治研究所学者与挪威其他学术机构和能源企业座谈交流。调研团队围绕国际贸易治理、国际金融治理、气候变化与能源转型、中欧与中挪合作等议题与挪方进行了交流，主要观点汇总如下。

一　美国因素是影响全球经济治理走向的核心变量

美国带来的不确定性给全球治理带来重大挑战。

第一，国际贸易治理领域，美国政府有系统地破坏国际合作，WTO 的谈判、监督及争端解决三大职能均出现危机，全球贸易治理进程严重受阻。

挪威学者认为，**务实推进 WTO 改革，确保多边体制的稳定性应是欧盟的任务之一。**欧盟在 2018 年发布的《WTO 现代化》提出了解决 WTO 改革的关键问题——“特殊和差别待遇”的方案。挪威官方也在 2019 年上半年向 WTO 递交其有关特殊与差别待遇的建议，但此问题的讨论被严重政治化，未来很难取得一致共识，要务实推动谈判进程，WTO 不应将争论聚集在没有结果的发展身份的认定和特殊与差别待遇的取消上，而应该采取一事一议的原则，推动各国承担各自责任。

第二，国际金融治理领域，以美元为主的国际支付体系已经成为美国挥动制裁大棒并且实施“长臂管辖”的利器，甚至被用来对付美国的盟友。随着美国对伊朗制裁的不断升级，国际社会

越来越深刻意识到美元霸权的风险隐患。

与会专家认为，**全球金融安全网这一国际公共产品存在着严重的供给不足问题**。国际货币基金组织（IMF）虽然在全球金融安全网中处于核心地位，但可用金融资源面临下降风险；区域金融安全网以及双边货币互换等在国际金融危机后虽然得到有效提升，但并非所有国家都能方便访问并获取相关信息。一些国家国内债务累积，金融脆弱性上升，贸易保护主义抬头，地缘政治风险加大，这些都加大了跨境资本流动的波动。**改善各层级救助机制分割的局面，提高全球金融安全网的有效性，是当务之急。提升国际货币体系的稳定性和韧性，推动独立于美元的结算机制创新和货币创新，也是完善国际金融治理的重要内容**。2019 年 1 月，法、德、英三国宣布与伊朗联合建立在美国主导的全球金融体系之外运作的贸易结算支持机制，以免企业受美国制裁波及。随后丹麦、芬兰、荷兰、瑞典和挪威发表联合声明宣布加入该机制，这是欧洲国家在去美元化的道路上迈出的实质性一步。

数字货币为国际货币体系发展提供新方向。以比特币为代表的数字货币近年来在跨境支付活动中发挥越来越重要的作用，使全球跨境支付体系的重组成为可能。各国央行开始探讨推出法定数字货币，并借助央行数字货币间的网络形成数字版特别提款权的可能性。2019 年，英国、日本、瑞士、加拿大、瑞典和欧洲央行拟联合组建央行数字货币小组，由欧洲央行牵头，显示了欧洲在数字货币领域的雄心。**数字货币固然可能成为当前国际货币体系改革的载体，但其作为新兴事物仍有许多亟待解决的问题**。数字货币起源于美国，主要的数字货币企业均在美国，数字货币创新（如稳定币）也由美国引领，挂钩美元的数字稳定币无论从数量还是金额都最大，数字货币对美元体系的影响目前还无法判断。

第三，美国气候政策的“逆转”给全球气候治理的向前推进带来重大影响，但也给中国与北欧合作带来新机遇。

美国退出《巴黎协定》对中国、欧盟、日本等谈判方的减排空间和宏观经济将产生重要影响，增加了实现温控 2°C 目标的成本和难度，同时也加大了应对气候变化的资金缺口。中国面临空前的道义压力，挪威弗里德约夫南森研究所的研究员对中国在应对气候变化方面的举措和成就给予了肯定，并对中国碳市场的发展现状和面临的问题进行了点评。他指出，尽管全国统一的碳市场还处于初期发展阶段，但前景可期，中国需要不断吸取欧洲碳市场发展的经验和教训，推动碳定价机制的完善。

挪威在应对气候变化方面一直走在世界前列，中挪存在广泛的合作空间。挪威水电资源极其丰富，在国内一次能源消费中水电占比接近 70%，是世界上第一个引进碳税的国家，碳税和《温室气体排放交易法》是挪威最重要的跨部门气候政策工具。与其他国家相比，挪威石油行业的环境和气候标准非常高，在减少温室气体排放方面处于世界领先地位。以挪威国家石油公司（Equinor）为首的能源企业在引领挪威能源转型方面发挥着积极作用，致力于实现石油、天然气、可再生能源、CCUS（碳捕捉、碳利用和碳封存）和氢之间的协同利用。Equinor 公司是中海油服在挪威北海的重要客户，双方拟在安全生产、数字化、绿色环保、第三方市场等方面加强合作。

第四，作为国际政治和全球治理的焦点问题之一，北极治理与合作进程受到全球和区域形势变化的重大影响。

北极治理和合作进程最初的驱动力是气候变化、能源需求、航线开辟及全球化与全球治理理念的推广，但目前美国政府拒绝承认气候变化，已经为北极理事会的工作带来了困难。美国无视中国被批准为北极理事会正式观察员国的身份，将中国在北极地区的活动视为“威胁”。美国正积极寻求与中国“脱钩”，特别是在高科技和其他具有战略重要性的领域。为实现其战略，美国利用其与北欧传统上牢固的安全、经济、政治和文化纽带，对合作伙伴和盟友施压。作为北约成员国，丹麦、冰岛和挪威易受到美国的影响。北极问题也是美国针对中国而对北欧施压的发力点。

二　“一带一路”倡议在欧洲的机遇与挑战

（一）多数欧洲人对“一带一路”倡议持积极态度，但也心存顾虑。欧洲人普遍认为，“一带一路”建设带来的交通基础设施改善和贸易便利化，有利于沿线国家和地区间的贸易繁荣。许多西欧国家是亚洲基础设施投资银行的创始成员，它们**支持中国为加强全球互联互通和贸易所做的努力**。2015 年中欧领导人会晤后，欧盟专门成立中欧互联互通平台，探索欧盟跨欧洲交通网络项目与 BRI 的对接。但是，迄今为止，许多渴望中国资本的国家并未看到期待的中国新资金进入，原因之一是中资银行提供的低利率融资工具不符合欧盟法规。此外，“一带一路”倡议项目是否会按照欧洲严格的环境、社会和经济标准来实施也是欧方的顾虑之一。

（二）包括欧洲议会在内的少部分人认为“17 + 1”合作机制可能影响欧盟团结。现有的中国—中东欧“17 + 1”合作机制包括 12 个欧盟成员和 5 个欧盟候选国。他们认为该机制使一些中东欧国家在政治上与中国的“核心利益”保持了一致，但并未制定统一的战略确保它们也同时遵循《欧盟对华战略》和 2016 年 7 月理事会决议规定的互惠、公平竞争原则。

（三）北欧地区既不是中国最大的经济合作伙伴，也与中国 BRI 没有密切联系，更因为政治价值观的差异加上美国的反对，以及北欧媒体的负面报道，中国倡议在北欧未受到足够重视。

自 2009 年以来，所有北欧国家与中国的贸易关系都出现了增长，中国已成为北欧仅次于美国的第二大非欧洲贸易伙伴，中国在北欧的投资也在增长。但与美国的外国直接投资规模和影响力相比，中国还存在巨大差距。在北欧国家加入了亚洲基础设施投资银行后，特朗普政府显著加大了对北欧的压力，要求它们在被认为对华盛顿具有战略重要性的领域与中国保持距离。2018 年启动的“极地丝绸之路”计划也因此进展缓慢。

三　启示与建议

第一，**就全球治理而言，创新思维和多边主义是解决问题的关键**。在当前欧洲经历内外环境变化的背景下，推进中欧合作的环境会更复杂，需要付出更多的耐心与韧性。欧洲与中国的贸易关系对欧洲和挪威非常重要，贸易、投资和商业活动既创造共同利益又增加依赖性。推进中欧投资协定谈判和中挪自贸协定谈判应是未来加强中欧和中挪关系的着力点。

第二，**应本着求同存异的精神和妥善处理分歧的原则，充分利用既有双边合作机制，加强与北欧国家的经贸合作**。北欧国家对运转良好的多边国际秩序有着强烈兴趣。美国如果继续走“美国优先”的单边主义和保护主义道路，很可能会失去其在北欧的一些影响力。在过去 20 年里，随着经贸关系的深化，北欧国家在处理与中国的分歧时，已经普遍变得更加务实。在发展对华关系上，丹麦奉行最广泛和最正式的伙伴关系模式，芬兰通过了“面向未来的新型合作伙伴关系”，有意将其设计为“注重成果和有效合作”的务实平台，挪威则积极推动双边自由贸易协定谈判，这些都是中国与北欧国家加强务实合作的重要推动力。

第三，**以气候变化和可持续发展合作为抓手，在中国与北欧共同关心的问题上深化合作**。2018 年北欧通过《北欧环境与气候合作计划（2019—2024）》，承诺与中国一起推动联合国可持续发展议程，并支持中国履行其在《巴黎协定》下做出的承诺。建议以此为平台，与北欧就国际气候谈判和履约行动方面达成更多共识，并务实推动双方在水电、海上风电、电动汽车与储能、氢能、碳税和碳交易、清洁能源发展市场机制以及能效与能源技术创新等领域的合作。

第四，**以挪威为重点，推动中国与北欧国家在北极事务上的合作，增强中国在北极治理中的国际话语权和影响力**。挪威是高度发达的工业化国家，是西欧最大的产油国和世界第三大的石油出口国，也是在北极区域和次区域治理、开发和合作中具有重要影响力的国家。挪威是最早颁布北极战略的北极国家，在北极治理机制调整进程中发挥着不可小觑的影响力。

第五，**设立专门机构，做好面向北欧的整体宣传安排**。鉴于中国长期在北欧和北极治理领域处于话语权弱势地位，有必要扩大中国北极政策和“一带一路”倡议的宣传范围和宣传途径，增加专项资金投入，将宣传作为推进对北欧整体外交的一个工作重点，**形成三梯队交流宣传网络**：第一梯队以学者、科研人员、智库交流为主，旨在通过联合研究和学术交流，及时解读双方政策，增加共识，共同发声；第二梯队以城市、商业组织、非政府组织等为主，通过缔结友好城市、建立行业商会等，自下而上推动双边交流互访；第三梯队以媒体和企业为主，充分发挥权威媒体海外版（比如《人民日报》海外版、《中国日报》海外版）的作用，定期让中青年学者发出中国声音，也可充分利用国际知名媒体报刊的影响力，鼓励学者投稿或者接受采访。同时鼓励赴北欧的企业承担社会责任，宣传好公益故事。

（中国社会科学院世界经济与政治研究所副研究员　田慧芳）

亚洲的包容、创新、增长

——韩国“2019年亚洲经济论坛”综述

本文要点：当前，东亚和太平洋地区已超过欧洲和北美成为“世界上最具竞争力的区域”，亚洲新兴经济体也正以前所未有的速度、规模推动世界经济格局和国际秩序的重构。亚洲经济增长、区域产业循环与外部经济关系、区域经济和社会合作等诸多议题需要持续深入研讨。面对经济结构转型升级、人口老龄化、资源和能源对外依存度高等共性问题，亚洲各国应以开放包容的态度，在多个领域加强协调合作，维护亚洲的繁荣稳定，并为后疫情时代全球经济走出危机做出贡献。

2019 亚洲经济论坛于 2019 年 11 月 8—9 日在韩国光州举行。本次论坛由韩国全南国立大学区域发展中心主办，参会代表来自中国、日本、韩国、泰国、斯里兰卡等国。论坛以“亚洲的包容、创新、增长”为主题，围绕贸易、投资、企业创新、区域合作、人口老龄化等亚洲经济社会问题进行了多场报告和研讨，取得了丰富的交流成果。

一 亚洲经济论坛基本情况

亚洲经济论坛是由中国、日本、韩国、泰国、斯里兰卡五国的学术机构轮流举办的亚洲区域性国际论坛，于 1990 年在日本佐贺大学启动。论坛自启动至 2012 年，由中、日、韩三方轮流主办。泰国农业大学和斯里兰卡佩拉德尼亚大学分别于 2012 年和 2015 年加入成为轮值主办方。

论坛成立之初是小型研讨会形式，定位于为各国学者提供一个学习交流平台。论坛每年举办一次，议题以东亚经济问题为主，旨在通过各方对学术和政策问题的探讨，加深相互理解，促进国际交流与合作。论坛启动后得到了各初始成员方的积极参与和响应，影响力不断扩大，成员方不断增加，至今已举办 29 届，研讨议题涵盖亚洲和全球经济社会问题。

二 2019 亚洲经济论坛的主要议题

2019 亚洲经济论坛主要围绕三个议题展开：亚洲人口结构与人力资本发展、对外贸易与投资、产业生态体系与创新。

（一）人口老龄化与人力资本发展

第一，**人口规模下降和存量人口老龄化问题是世界性问题**。日本学者的研究讨论了人口规模变化和劳动人口结构变化对创新和技术进步以及经济增长的影响。研究采用日本的数据分析了劳动力结构对生产率的影响，结果发现，伴随人口老龄化，投资和企业家创业活动的减少都会对经济增长不利。韩国学者的研究探讨了人口老龄化背景下老年人口的幸福问题，具体研究了社会资本如何影响韩国老年人口的幸福度。研究发现，老年人口的社交隔离和相对贫困的经济状态会影响其幸福度。而社会资本的信息网络作用有助于增加就业机会和提高收入，同时社会资本关系网也会在需要的情况下提供直接经济支持或其他支援，因此有助于提高家庭财务满意度和安全感，从而提升幸福感。

第二，**人力资本发展问题是亚洲国家共同面临的区域性问题**。亚洲发达国家面临劳动力短缺，而发展中国家人力资本积累不足。战后日本在有限的物质资源约束的条件下能够快速实现现代化得益于其高质量的人力资本。人力资本包括人的知识、技能以及能够影响其生产能力和收入潜力的其他资质，如工作态度、社会价值观、职业道德等。在亚洲的发展中国家，由于基础教育、技能培训、价值观教育培训等方面的不完善，导致其人力资本积累不足进而影响经济发展。同时，各类社会问题包括失业、贫困、收入分配不均等都与人力资本发展问题相关。日本以语言学校模式吸引来自亚洲发展中国家的留学生在日学习和工作，一方面可以降低日本企业的用工成本，改善劳动力短缺状况；另一方面也有利于留学生母国的人力资本积累，为促进日本与其他发展中国家的国际交流和经济社会发展做出贡献。

（二）对外贸易和投资关系

中国、泰国、斯里兰卡等国学者分别就汇率、贸易、对外投资等问题介绍了各自的研究成果，既分享了最前沿的理论进展和研究方法，同时也依据对不同国家的样本数据的分析提供了丰富的实证和政策研究结论。中方学者的研究指出，**人民币的实际汇率变动对中国制造业产品出口质量升级具有显著影响**。出口产品质量随出口加权的实际汇率升值而提升，而随进口加权的实际汇率升值而下降。同时，实际汇率升值对出口质量的集约边际影响为负而对广义边际的影响为正。此外，汇率对出口质量的影响与生产中的进口投入比例相关。

针对吸引外资的议题，与会学者的研究显示，一国的经济体量、经济增长率、人均收入水平、人力成本、汇率水平、税率水平、宏观经济环境、贸易开放程度、政治稳定性、腐败程度等因素都会影响其外资进入的规模和速度。因此，**积极发展本国经济，保持币值稳定，营造有利的政治、税收和营商环境等是吸引外资流入的重要举措**。对于寻求劳动力成本节约的外国投资者来说，在投资选址时，除了考虑东道国当地的劳动力工资水平，也会考虑劳动力质量因素。外资企业通常具有更高水平的技术和管理，也需要当地劳动力具备一定的技能素质以消化吸收其先进技术。因此，**外资选址未必是工资水平越低越好，要同时考虑劳动力素质**。类似地，一国工资水平的上升（如近年来的中国）也不必然带来外资的大规模撤出，较高的劳动力素质仍然可能成为吸引外资的有利因素。

（三）产业生态体系与绿色创新

中方学者以中国创新型企业数据为例，分析了风险投资如何影响环境友好型企业的创新活动。结果显示，风险投资可以显著驱动环境友好型企业的创新，其积极效果主要表现为提升了创新的质量而非专利数量。进一步对政府风险投资和外国风险投资的分类考察结果显示，外国风险投资对企业创新正向促进效果显著而政府风险投资的效果则不明显。拓展到政策层面的启示是，**政府和私人部门的风险投资应注重长期战略性而非短期收益**。

日本学者以日本制药行业为例探讨了创新体系转型问题。研究指出，创新的概念不应只局限于企业层面的研发活动，而应是包括创新的过程、环境、组织、制度等在内的创新体系。传统的日本制药行业与欧美相比，主要依靠内部研发，采用外部研发合作的比例较低，合作深度不够，海外市场扩张少，发展战略保守。同时，行业发展以私人资本为主，政府参与度低，相关政府部门各自为政，缺乏国家层面的统一规划、管理和协调。面临激烈的全球竞争，日本的制药行业正在经历转型。**转型的目标应该是创新体系更加开放、政府的参与和支持力度更大、制药和生物科技行业的产业集群等**。

韩国学者通过实验的方法考察了韩国民众对于引入绿色证书项目的可能反应和消费者行为偏好及其影响。研究结果显示，消费者的收入、年龄、受教育水平、政治倾向等都会显著影响其对于绿色证书项目的偏好。在多种可再生能源中，太阳能最受偏爱，而且相当一部分消费者支持对于低收入群体实施捐赠使用可再生能源证书。研究结论证明了**在韩国实施市场化的绿色证书项目具有可行性**，这一举措不但有利于推进可再生能源的使用，同时能够确保低收入群体享受可再生能源的使用权益，进一步推动绿色能源的生产，从而有助于促进韩国“可再生能源2030”目标的实现。

三　亚洲经济及区域合作问题研究展望

世界经济论坛《2019全球竞争力报告》指出，东亚和太平洋地区已经超过欧洲和北美成为“世界上最具竞争力的区域”。当今时代，亚洲新兴经济体正以前所未有的速度、规模甚至新的方式全面冲击旧有的世界格局，推动世界经济格局和国际秩序的重构，关于亚洲经济和区域合作研究的重要性越发凸显。笔者梳理归纳了几项长期持续引发讨论的亚洲区域经济社会问题，抛砖引玉，期待亚洲各国能在不同层次上就更广泛的经济和社会议题开展深入的研究探讨和全面的交流与合作。

（一）亚洲国家经济增长模式

20 世纪 60—70 年代，东亚地区在实施新兴工业化过程中取得了骄人业绩，与拉美国家形成鲜明对比。有分析认为，**东亚国家经济增长模式的成功得益于有效的政府**。以新古典主义经济理论为基础对此的解释是，东亚各国在市场不完善的情况下，由政府提供基础设施和法律保障，消除市场扭曲从而对经济增长发挥作用。也有学者突破新古典经济分析的框架，认为东亚国家经济发展初期面临制度稀缺，即市场的不发育或残缺而非发达国家的市场不完善。政府作为制度供给方，以强大的行政力替代一部分市场或直接组织市场，在所有权关系、经济结构、资源配置等方面建立了一套适应后发展经济体的经济体制，提供了有助于经济发展的秩序和制度，从而促进经济高速增长和持续稳定发展。

而对于政府的作用，也有不同的观点，认为东亚地区，无论是已经进入技术前沿的发达国家如日本，还是可能在追赶过程中面临中等收入陷阱的发展中国家，都面临经济长期可持续增长的瓶颈，其原因在于缺乏生产性的企业家精神和由此导致的创新不足。有分析认为，东亚传统农耕文明的价值判断，倾向于贬低商业活动，而且多数亚洲国家的发展模式都是不同程度的政府主导。在政府主导的经济体制中，企业家为了获得社会和道德合法性，寻求与政治权力结盟，从而容易形成依附性商人而非独立挑战性商人，对创新不利。因此，有学者主张**通过体制改革激发企业家精神，为创新活动创造更广阔的空间**。

亚洲国家具有相近的历史文化传统，地区内先发展国家的发展经验和模式对于其他发展中国家具有较强的借鉴意义，特别是关于政府的角色、制度的作用以及政府与市场的关系仍然是值得持续探讨的话题。

（二）亚洲区域产业循环与外部经济关系

亚洲特别是东亚地区的产业循环，从 20 世纪 60 年代的“雁形模式”到以日本为主导的“三角贸易”和当前以中国为枢纽的“新三角贸易”，都沿袭了东亚地区从产业到产品的垂直分工模式。随着亚洲区域内部分工程度更为精细，中间品和零部件贸易在区域内贸易比重不断上升。近年来，中国在全球产业链中地位的变化，推动了区域内贸易空间结构和产业合作模式的变化，带动了亚洲新兴市场国家通过融入亚洲区域或全球价值链开启新一轮工业化进程。

在亚洲地区的外部经济关系中，美国的地位非常重要。首先，亚洲区域内最终产品消费市场缺乏，对外部欧美市场高度依赖；其次，对众多亚洲国家来说，美国是主要的经济伙伴，同时与中国通过供应链的联系也越发紧密，而这种关联在很大程度上是来自美国的跨国公司在发挥作用；最后，与美国紧密的经济联系也决定了亚洲区域经济对美元体制的高度依赖。亚洲各国使用美元作为结算货币和银行间外汇市场的交易货币，同时持有大量美元作为外汇储备，美国次贷危机之后，东亚区域货币金融合作进程也遭遇困境。

亚洲区域内以中国为联结的产业分工模式及外部与美国紧密的经济联系决定了中美关系必然是影响和制约亚太地区发展的重要因素。新加坡总理李显龙将中美关系定性为时代的根本问题。中美之间的政治互信、战略认同、竞争合作的程度和走向对亚洲地区的繁荣稳定和新型国际秩序都将产生深远影响。因此，在全球产业链中，亚洲区域产业循环的发展变化以及中美关系对亚洲经济的影响将备受关注。

（三）亚洲区域性经济和社会合作

亚洲各国之间地缘的紧密性和经济的高度关联，使得区域合作非常必要。但各国因为历史积怨、领土纠纷以及政治体制、宗教信仰等方面的差异，区域合作仍处于较低水平。各国政府应致力于创造公平、便利的贸易投资环境，进一步加强经济金融领域的深层次合作，创造开放包容的区域合作氛围。

在经济层面，亚洲地区各种不同范围的经济合作关系不断涌现，当前最受瞩目的区域全面经济伙伴关系协定（RCEP）将有利于提升区域经济一体化水平，为亚洲经济增长提供新动力。RCEP具有更大的包容性，涵盖国家更广泛，将尚未达到高标准的发展中国家包含在内，充分考虑了各国需求，并采用弹性灵活的处理方式。在消除贸易投资壁垒的同时，能更大限度地发挥成员国的比较优势。RCEP **的稳步推进将为亚洲各国提供一个开放包容合作的样板**。

面对经济结构转型升级、人口老龄化、资源和能源对外依存度高等共性问题，亚洲各国的合作在更宽的领域内具有广泛的拓展空间，如加强传统和新兴产业的研发合作，新材料、新能源领域的合作，拓展亚洲区内服务贸易合作的深度和广度，推进现代物流和港口资源、金融、通讯、信息技术、医疗保健服务、文化旅游、教育等方面的合作。此外，还包括在应对气候变化、节能减排、防止核扩散、传染病防治及公共卫生等全球问题方面的合作。正如亚太地区十余位专家近期联合发布的报告《亚洲方略：后疫情时代的复苏与重建》中指出的那样，在当前形势下，亚洲国家应在多个领域加强协调合作，以亚洲国家之间的区域性合作为后疫情时代的全球合作提供一个起点，维护亚洲的繁荣稳定，并为国际经济走出危机做出贡献。

（中国社会科学院世界经济与政治研究所助理研究员　侯　蕾
中国社会科学院世界经济与政治研究所助理研究员　于换军
中国社会科学院世界经济与政治研究所助理研究员　董维佳
中国社会科学院世界经济与政治研究所研究员　毛日昇）

跨越“中等收入陷阱”的几点思考

——中国和秘鲁的视角

本文要点：“中等收入陷阱”在本质上是一种“增长陷阱”，表现为中等收入经济体出现增长停滞或增长速度低于高收入经济体的现象。影响“中等收入陷阱”的因素包括经济转型与收入分配、区域协调发展与城镇化、改革与技术创新、基础设施投资与建设、对外开放等。我国应避免经济结构调整可能引致的收入分配不公；大力推进新型基础设施建设；加大知识产权保护，鼓励技术创新；推动新型城镇化，实现区域协调发展；协调好深化改革与对外开放的关系。

2019 年 11 月，由中国社会科学院世界经济与政治研究所、上海交通大学、上海对外经贸大学共同组成的中方团队一行七人出访秘鲁太平洋大学。学者们围绕如何跨越“中等收入陷阱”的主题举行了学术研讨会。本次会议分为六个分议题，具体为“中等收入陷阱”的界定与成因、经济转型与收入分配、基础设施投资与建设、改革与创新、区域协调发展、对外开放。

一　“中等收入陷阱”的界定及成因

一直以来，学界对“中等收入陷阱”现象的研究和讨论方兴未艾。中国社会科学院学者认为，**“中等收入陷阱”在本质上是一种增长陷阱，表现为中等收入经济体出现增长停滞或增长速度低于高收入经济体的情况**。许多中等收入经济体在五十年或更长时间内无法发展成为高收入经济体，并非因为存在“中等收入陷阱”，而是对中等收入经济体收入范围的界定过于广泛。尽管中等收入经济体的长期平均增长率高于高收入经济体，但它们在一个商业周期或更长时期内的平均增长率往往低于高收入经济体。**造成该现象的原因是中等收入经济体频繁发生金融危机**。中国作为中等收入经济体也面临着金融危机的风险，避免“中等收入陷阱”的关键在于防范未来的金融危机，需提防金融自由化不健全和企业负债管理不善等带来的风险。

秘鲁有学者对中国和秘鲁各项经济指标进行了比较，他们的研究发现：第一，1952—2017 年，实物资本投资是推动中秘两国经济增长的最重要来源。其中，**全要素生产率是中国经济的第二增长来源，但它对秘鲁经济增长的贡献却微乎其微**。第二，在生产力和竞争力方面，中秘两国在卫生、教育和培训以及效率等方面的得分较为接近，但在制度、创新和基础设施等方面，秘鲁都远远落后于中国。第三，**在过去二十年中，中国的经济增长主要**

得益于结构性政策，而秘鲁的经济增长则得益于结构性和宏观经济稳定政策。

二 “中等收入陷阱”的影响因素

为探寻导致“中等收入陷阱”现象的影响因素，与会学者分别从经济转型与收入分配、区域协调发展与城镇化、改革与技术创新、基础设施投资与建设、对外开放等方面，进行了深入的交流和研讨。

(一) 经济转型与收入分配

“中等收入陷阱”基本发生于经济转型时期，对一国经济发展的质量和效益带来严峻考验。中国社会科学院学者从产业结构调整对就业和收入分配的影响的角度，认为一方面，在同等资本规模下，服务业比工业部门劳动密集，创造的就业机会更多；另一方面，服务业重技术轻资产，劳动报酬在增加值分配中所占比例较高。因而，劳动力会从工业部门转移到服务业部门，其收入也可能会相应增加。为此建议：**一是通过教育培训提高劳动者素质和技能**，仍是实现劳动收入增长的有力保障。**二是推进产业转型升级政策**，这不仅包括促进产业布局和产业结构调整，还包括提高现有产业的生产率，提高产品和服务质量，增强国际竞争力。**三是合理有序地提高公共服务业的收入水平**，提升劳动生产率，是进一步完善收入增长机制的有效方法。

有学者**将经济转型定义为农业劳动力占总劳动力的比例下降，而工业和服务业劳动力占总劳动力的比例上升的过程**。他们通过估算 1876—2017 年秘鲁总劳动生产率（TLP）和全要素生产率（TFP）的长期变化轨迹发现，秘鲁生产力的提高与改变生活和社会组织的长期经济转型有关，该转变使秘鲁经济和社会增长的性质从 19 世纪末以农业为主转变为 21 世纪初以服务业为主，具体表现为农业的就业率和产出下降而工业和服务业的就业率和产出上升。然而，从农村不断向城市转移的大量人口与工作机会短缺的矛盾，导致了非正规经济的存在以及收入分配不公现象，进而影响了秘鲁经济的可持续发展。为此有学者建议，**通过采取提高竞争力和创新能力的干预措施，以提升生产力水平，实现经济长期可持续增长**。

（二）基础设施建设投资

基础设施投资作为公共投资的重要组成部分，是促进经济增长的重要来源。上海对外经贸大学学者认为，中国的基础设施无论在规模还是质量上都一直在改善。这主要得益于**中国政府制定的基础设施建设规划引领了基础设施建设的发展**。基础设施建设资金中比例最高的是自筹资金，而土地财政及其收入是基础设施建设中最重要的政府资金来源。同时，中国政府还鼓励社会资本的进入。中国在推动基础设施投资过程中也存在不足：一是基础设施建设投资主体仍然是地方政府，社会资本占比较小。二是地方政府依靠土地财政来筹集大规模基础设施建设资金，可能导致住宅价格上涨和地方政府债务负担加重，进而导致金融不稳定。三是由于前期准备不足、招投标制度不完善、项目规划不合理、运营成本较高等原因，基础设施投资市场化运营仍存在一些失败的案例。但总体而言，中国基础设施有实质性改善，为经济实现可持续发展奠定了基础。

秘鲁学者采取多种衡量基础设施建设的指标进行了研究，认为**秘鲁的基础设施竞争力总体水平偏低，在全球中处于中等偏下水平**。他们对中国基础设施建设规划的做法比较认可，认为秘鲁发展基础设施的意义并不仅限于达到其他经济体的水平，而应是在规划未来，基建规划应考虑大的发展趋势，选择最好的项目。例如，在全球化的浪潮中，人员和物流流动加速，基础设施建设和规划将有利于降低运输成本，进而使秘鲁更好地融入全球化进程中。为此，他们建议：一是发展有利于减少贫困的基建，包括水和卫生基础设施、农村电力、基本道路等，这都是处理社会包容性问题的关键。二是发展与清洁能源相关的基建，包括太阳能、风能、废物处理和再利用以及海水净化等基础设施。三是大城市的基建、电信及网络等基础设施建设是发展智能化城市的重要基础。四是采取多种措施减少基础设施建设的资金缺口，如有效增加公私伙伴关系（PPP）的基础设施项目数量。

（三）改革与创新

中国社会科学院学者认为，坚定不移地不断提高开放水平，可为国内外经济政策提供统一的战略框架。但也要特别注意，防止该过程成为短期的调控工具。**若要实现中国经济从高速增长向可持续发展转变，需重点从供给侧入手**。一是劳动力，即从人口红利到人力资本红利。当前中国的人力资本并非过度供给，而是需要放松对服务业的管制，以创造更多的就业机会。二是资本，主要是放松金融监管，实现实体经济自由化。人们对改革的顺序或有不同看法，在顺序法和试错法之间最有可能出现一种折中，在政策方面则表现为“渐进主义”。三是技术，即鼓励从模仿到创新的转变。为提高中国专利质量，未来的法律和政策体系应更加强调创新。“改革红利”应在城乡供给方面公平分配。

有秘鲁学者从创新与非正规部门经济的视角分析秘鲁经济发展面临的挑战及未来的政策问题。非正式公司是指那些没有在州政府正式注册，不向州政府缴纳税款和其他费用的市场主体。他们以正式注册但从事非正式实践的市场主体为研究对象，分析其在组织、产品和流程层面的非正式工作受制度、行业和企业变量的影响。研究发现，正规公司实行的更大程度的非正规做法阻碍了创新活动，在生产率较低的情况下降低了秘鲁跨越“中等收入陷阱”的可能性。为此，秘鲁需要推行实现更高包容性增长的政策，努力保持实现更高生产率增长的创业和创新精神，以跨越“中等收入陷阱”。

（四）区域协调发展

在国际上，尚无在不提高城市化水平的情况下跨越“中等收入陷阱”的先例。上海交通大学的学者认为，中国跨越“中等收入陷阱”的实质就是解决欠发达地区居民的增收问题。中国要充分发挥大城市和大都市圈的主导作用，顺应区域经济集聚发展和区域分工协调发展的趋势，促进劳动力资源跨区域优化配置，这是欠发达地区居民提高收入的根本和长期机制。在国内促进生产要素在区域间的合理流动，有利于提高资源配置效率，使经济增长走上“集聚均衡”之路。

秘鲁学者根据秘鲁人口普查数据库和家庭调查数据，对2007年、2012年和2017年秘鲁劳动力、移民和人力资本的区域发展趋势进行分析发现，沿海地区对移民的吸纳趋势最为明显，这与劳动密集型农产品出口繁荣以及库珀（Cooper）矿业大规模投资相关。秘鲁国内移民流动往往伴随着更好的就业机会和公共基础设施服务（如水、电、卫生等）。尽管秘鲁的教育率不断提高，但教育质量仍然面临挑战，各地区人力资本水平不高，限制了秘鲁经济的增长潜力。

（五）对外开放

中国社会科学院学者认为，中国的对外开放是一个不断扩大和深化的历史过程。在此过程中，**中国决策者和广大人民群众对改革开放的认识逐步加深，中国与世界的关系不断调整。**在邓小平改革开放理论的指导下，中国的对外开放实践不仅很好地契合了中国传统的贸易理论“淮南子—司马迁定理”（即人们可以用多余的货物换取短缺的货物），而且可以用现代的方法来诠释国际贸易理论。随着中国进入新的发展阶段，国际环境也发生深刻变化，中国需进一步扩大开放，引领和促进世界各国相互开放、共享开放，为推动人类命运共同体建设创造良好的国际条件，建设持久和平、普遍安全、共同繁荣、开放包容、清洁美丽的世界。

有秘鲁与会学者认为，在全球化的大背景下，维持财政纪律、货币币值稳定以及总体上尊重宏观经济平衡，共同造就了自1992年以来秘鲁的经济形势。秘鲁经济体量较小，初级产品出口占出口总额80%以上，外部经济环境极易通过原材料特别是金属价格和国际利率传导影响秘鲁经济，**秘鲁经济周期与外部经济走势具有趋同变动的特点**。随着秘鲁与中国签署自由贸易协定，两国经贸往来更加密切，中国已成为秘鲁铜及其衍生品出口的主要目的地市场。但同时，中国经济波动对秘鲁的影响也越发显著。为降低对单一产品和市场的依赖度，秘鲁在2014年启动国家生产多样化计划，该计划强调生产多样化，减少对初级产品的依赖，降低非正规经济比重，提高生产力，实现经济可持续增长，以避免陷入“中等收入陷阱”。但实际上，**基础设施不完善，生产率增速滞缓等因素，仍是导致秘鲁竞争力下降的重要原因**。

三　启示与建议

理解并明晰不同经济体在不同阶段的各影响因素的作用机理，对助推中等收入经济体成功跨越“中等收入陷阱”具有重要的学术价值和现实意义。

一是避免经济结构调整可能引致的收入分配不公。当前，中国经济已由高速增长阶段转向高质量发展阶段，但同时，经济运行中的一些突出矛盾和风险尚未根本消除，新增长动力还不够强大，依靠扩大投资、工业产能增量扩能、资源和生产要素大规模高强度投入等拉动经济增长的模式，已难以适应高质量发展阶段的新要求。围绕供给侧改革，推动经济结构调整，就成为必然选择。**在产业结构优化升级过程中，要特别关注收入增长机制对收入分配的影响，避免社会不公现象加剧**。

通常而言，一个行业的初始收入水平、行业间收入增长率的差异以及就业分布的变化是决定收入分配结果的关键因素。大规模低技能劳动力供给增强了劳动密集型产业的比较优势和国际竞争力，创造了更多的就业机会，对促进经济增长发挥了重要作用。但同时，也导致就业结构向低技能、低收入方向倾斜发展，可能阻碍中国劳动收入水平的提高，不利于缩小收入差距。为此，未来的产业转型升级，应使劳动者收入获得显著增长，**经济结构调整应有利于促进低收入群体收入的较快增长**，这对实现中国经济高质量发展至关重要。

二是大力推进新型基础设施建设。基础设施建设的投入与GDP增长之间存在着显著且积极的关系。随着传统基础设施建设不断完善以及信息技术的广泛应用，**推动新型基础设施建设，助推经济高质量发展，成为迫在眉睫的任务**。新型基础设施是以新发展理念为引领，以技术创新为驱动，以信息网络为基础，面向高质量发展需要，提供数字转型、智能升级、融合创新等服务的基础设施体系，具体包括信息基础设施、融合基础设施、创新基础设施三个方面，涵盖了5G基站建设、特高压、城际高速铁路和城市轨道交通、新能源汽车充电桩、大数据中心、人工智能、工业互联网七大领域，涉及诸多产业链。与传统基建相比，新型基础设施建设内涵更加丰富，涵盖范围更广，更能体现数字经济特征，能够更好推动中国经济转型升级，实现经济可持续增长。

三是加大知识产权保护，鼓励技术创新。完善知识产权机制是保护和激励创新的核心要义，而持续的技术创新和进步是推动经济发展的主要驱动力。完善知识产权保护制度，既是对自有产权的保护，又会对创新主体起到激励效果，体现了对科研人员和智力成果的尊重和认可。在法律法规方面，应根据形势发展和新技术应用，及时出台新的知识产权保护法规。在司法保护方面，应加大知识产权司法保护力度，严惩侵权行为，提高司法保护的威慑力和震撼力。通过强化产权保护，激励创新创业，优化营商环境，为实施国家知识产权战略和创新驱动发展战略提供有力保障。

四是推进新型城镇化建设，推动区域协调发展。新型城镇化是以城乡统筹、城乡一体、产业互动、节约集约、生态宜居、和谐发展为特征的城镇化，将推动大中小城市、小城镇、新型农村社区的协调发展和互促共进，成为全面建成小康社会的重要载体和撬动内需的最大潜力。应加大对人口流入地区基础设施和公共服务（特别是教育）的投入力度。建设用地指标的空间配置应与人口流动方向相一致，吸纳转移人口越多的地区可拥有越多的建设用地，避免土地和房价高企的现象。应减少人口外流地区投资过多的问题，如对新城、工业园区和基础设施的投资等，适当取消与这些项目相对应的地方政府性债务，更加严格地限制地方政府举债。

五是协调好深化改革与对外开放的关系。后发追赶型经济体在技术水平接近或达到发达工业化国家之前，具有高速追赶或高速增长的潜力。但**这种潜力能否充分释放，则取决于体制和政策因素，必须通过深化改革和对外开放来实现**。对内改革与对外开放相辅相成，相互影响。对内改革就是要消除阻碍生产力提升（如技术进步和创新）的制度性因素，对外开放则是学习和吸收先进技术和管理经验。改革和开放都是通过深化市场分工，降低交易成本，扩大市场规模，提高劳动生产率，最终促进经济可持续增长。

除以上因素外，民粹主义泛滥、超前的福利主义制度、市场规模狭小、"资源诅咒"等问题，也可能成为跨越"中等收入陷阱"的羁绊。对这些因素的剖析和总结，将为我国成功跨越"中等收入陷阱"有所启示和借鉴。

（中国社会科学院世界经济与政治研究所助理研究员　贾中正）

修昔底德研究在德国的路径取向与特点

——赴德国学术交流感想

本文要点：以海德堡古典系为代表，修昔底德研究在德国目前的主要路径取向是叙事学理论。就研究方法而言，这与 21 世纪以来修昔底德研究在美国以“修昔底德陷阱”学说为代表的研究路径截然不同。这两条同时兴起又完全不同的研究路径提示我们，在修昔底德研究的语言学转向和政治宣传化这两个趋势之间，现实主义理论视角下的修昔底德研究因其传统积累和理论潜力，应当成为国际政治学继续研究修昔底德的拓展方向，也将会成为国际政治现实主义理论获得思想资源与理论进展的一个来源。同时，从事古代经典与理论研究的科研工作者应当以可靠的研究为基础，负责而积极地参与世界文明接受史。

2019 年 11 月至 2020 年 2 月，笔者在德国海德堡大学古典语文学系担任客座研究员。海德堡大学古典语文学系是德国最早也是最重要的古典研究机构，成立于 1807 年。该系拥有古希腊语言文学与拉丁语言两个分支学部，各设置一位讲席教授，古希腊语言文学讲席由约拿・葛黑特兰（Jonas Grethlein）承担。

海德堡古典语文学系与德国古典学发展脉络紧密相连：古典语文学系的第一代学者弗雷德里希・克洛泽（Friedrich Creuzer）与其批评者约翰・亨利希・弗斯（Johann HeimrichVoß）就古代作品的接受方式展开论战，奥古斯特・伯克（August Böckh）奠定了古典学以哲学为基础的研究方法，埃尔文・罗德（Erwin Rohde）在席卷德国学术界的科学方法浪潮中逆势接续尼采的研究方法并启引了 19 世纪末的“世纪末”思潮。如同这些发展一样，海德堡大学目前的修昔底德研究延续了 20 世纪以来修昔底德学的重大转向，并代表了这一主流研究趋势在今天的发展现状。

一　海德堡大学的修昔底德研究

（一）修昔底德研究是海德堡大学古典语文学系的重点内容

在海德堡古典语文学系从事古希腊语言文学研究的五六名在任教师当中，超过一半都以修昔底德为主要研究方向或重点研究兴趣之一。他们的研究体现了当前修昔底德学研究中的两个主流，一是他们的研究体现了统一派取向，二是他们的研究以文学理论为基底。

首先是清晰的统一派取向。修昔底德学中存在所谓“修昔底德问题”，争论双方（“统一派”和“分析派”）就修昔底德史书在作者死前是否已经完成写作、作品是否具备完整性和统一性，展开了长达一个多世纪的激烈争论。目前，统一派占据主流意见。

海德堡大学的一篇博士论文《古典希腊史撰的铭文面向》探

讨了希罗多德与修昔底德在各自史书中对铭文的使用。在修昔底德部分，论文把分析重点放在史书第五卷和第八卷（这两卷通常被认为是“没写完”的部分），认为被原样引用的铭文条约以及行文当中的前后矛盾之处都是作者修昔底德有意为之的，因此这些特征不应被视为史书未完成的标识，而应当被视为史书完整性和统一性的标识。在海德堡大学古典语文学系完成博士后研究的一位青年学者于2017年出版了《挽救修昔底德史书第八卷：爱奥尼亚战争叙事艺术》一书，每章处理一项贯穿全书的叙事模式。他找到了数个这样的叙事模式，进而论称修昔底德史书具有统一性。其中，他找到的第一个这样的叙事模式就是修昔底德对内战/叛乱的记载。

其次是以文学理论为基底的研究方法。另一篇博士论文《修昔底德史书自十八至二十世纪的德语译本》分析了近三个世纪以来的几乎全部德语译本，包括节译本。这项研究使用的理论包括18世纪施莱马赫与洪堡在贴字与异化之间寻求第三条道路的翻译原则以及德意志帝国晚期不求贴字、但求传神的翻译原则，对古典作品的德国翻译理论在这三个世纪的流变进行了观察。

海德堡古希腊语言文学讲席教授约拿·葛黑特兰的多项研究都涉及修昔底德，他的总体取向是以修昔底德史书作为文学理论、特别是叙事学理论的证据和注脚。例如，在叙事学的“经验—叙事”角力中，他以修昔底德的“阴影叙事”为论据，重建了经验与叙事的关系：经验是在叙事的框架中被接受的。他对叙事学的兴趣和重视通过博士生培养和系内日常学术活动发挥影响，他主持下的海德堡古希腊语言文学研究呈现出鲜明的文学理论与叙事学偏好。

（二）海德堡古典学研究的叙事学取向

海德堡古典语文学系的修昔底德研究追随叙事学路径，这不仅是修昔底德学近年来的主流趋势，也代表了古典学以文学理论为基底的研究取向。古希腊语言文学研究分支在现任讲席教授的主持下，每周举行一次希腊研究论文工作坊，由该学术共同体的一位成员报告一篇成熟论文，与会者共同讨论并帮助修改。论文工作坊的论文突出地体现了海德堡古典语文学系的叙事学取向。在笔者访学期间报告的 8 篇论文中，多达 5 篇是以叙事学角度观察古典作品。这些研究的存在使得我们可以判断，在 21 世纪第一个十年与第二个十年之交，海德堡这一古典学重镇是被叙事学理论"统治"的。

这些研究的共同取向就是以现代文学理论研究古代作品。所涉及的现代理论并非古典学这一古老学科的原有积累，而大多是自 18—19 世纪文学研究中发展出来的理论与分析技巧，包括结构主义、俄罗斯形式主义、叙事学、读者—作者互动分析、话语分析等。在海德堡的古典语文学学术共同体看来，无论是古风与经典时期的荷马和柏拉图，还是希腊化时期的赫里奥多罗斯和赫罗迪安，都可以合法有理地使用这些现代文学理论来进行研究；修昔底德自然也不例外。同时，海德堡所体现的古典学界对现代文学理论的接受提示我们，其他学科的现代理论并非不能用于古代文本研究；特别是，修昔底德是西方第一位军事政治史家，国际政治学作为一个单独学科虽然名义上仅有一百年历史，但这一学科及其理论想要研究并追溯修昔底德的冲动，是天然存在的，也应该是合法的。

（三）修昔底德研究的语言学转向及其贡献

修昔底德研究的"语言学转向"并非 21 世纪出现的新现象。20 世纪中叶以来，一方面因为将修昔底德史书视为文学作品进行研究这一倾向重新浮出水面，另一方面因为文学批评理论自身的新进展，修昔底德研究在以下两个方面发生转变：第一，修昔底德不再被统一评价为"科学""客观""疏离"的奥林匹亚式史家，作为战争亲历者，他在历史与写作过程中的情感卷入得到重视与研究。第二，修昔底德史书那压倒性的令人信服和使人感动的力量的来源，被归结为他的艺术成就，而不再被归结为他在历史记载方面的真实可靠。

语言学转向对于将修昔底德利用为思想资源的政治理论研究是有益的。这一取径可以帮助我们探究修昔底德是怎样一个作家，特别是他在亲历与写作过程中的情感卷入及这种卷入对其史撰的影响。笔者认为，可以从史家的情感推导其立场，从史书的技巧确定其论点，基于立场和论点，我们就可以提炼出他的政治学说，进而思考他对政治理论的贡献。语言学转向之后对修昔底德的这种“后现代读法”，比传统的“现代读法”，即直接确信作者提供的史实和评论，然后径直将这些史实和评论归纳总结为作者的思想和学说，要更加精细可靠。

探讨修昔底德的情感卷入，为我们怀疑而疏离地阅读修昔底德打下基础。而与之相反的一个趋势——极其确信而投入地阅读修昔底德——则主导了修昔底德研究与使用的美国趋势。

二　美国对外政策批评中的修昔底德研究

在海德堡古典语文学系的访学经验与笔者先前在修昔底德学的另一个子领域内所积累的研究经验形成了极其强烈的对比与分歧。这使笔者发现，国际政治学理论研究者可以选择中间道路，重新发掘修昔底德的现实主义理论潜力，公正精确地将修昔底德利用为政治理论的思想资源。

海德堡古典语文学系的修昔底德学代表了现在古典学界的修昔底德研究主流，他们将修昔底德视为了不起的古代文学家，研究其文风与技巧。这一研究路径的问题在于修昔底德的政治学说被忽略了，而修昔底德将全部智识精力投入军事政治史，其史书又对西方文明传统、政治思想史、战略理论不断产生着新鲜的影响，忽略其政治学说是不公正的、令人惋惜的。

与此同时，利用修昔底德的另一条路径是**将修昔底德作为某一类政策宣传的理据**。就政策取向而言将修昔底德运用到政策建议中去，原本需要经历一条漫长的道路：首先必须通过修昔底德的战争史述还原史实，其次从史实中提炼国际政治学的学说与理论，最后根据理论信条提出政策建议。而在这一条路径中，修昔底德文本中令人信服动容的那股力量，越过理论研究，直接在政策宣传中发挥作用。尽管具体政策观点完全不同，但是许多政治学家对修昔底德的使用在研究取向和利用方法方面是类似的，他们信任修昔底德提供的事实信息，将这些信息直接作为他们所赞成的某一类对外政策的理据，而不经过理论作为中间路径。

20 世纪 90 年代至 21 世纪初，卡根对冷战后的美国外交政策做出了尖锐的评论。他的主要政策倡议是增加军费，维系美国在全球的军事存在和霸权。他的政策观点基于他将美国与雅典作出类比，进而基于他对修昔底德笔下雅典的如下研究：在帝国主义的三个主要动力恐惧、荣誉、利益之中，最重要的是荣誉，因此权力的作用不如霸权国使用权力的意愿重要，进而世界和平维系于支配性强国使用权力的意愿。汉森是伊拉克战争的积极支持者。他接受了施特劳斯学派对道德相对主义和文化多元主义的批评，以希波战争来论证西方文明的优越性和伊拉克战争的必要性。哈佛大学政治科学家艾利森的主要观点是，像雅典与斯巴达一样，国际权力格局分配失衡将使得崛起国日益傲慢，守成国日益偏执，双方都将认为开战是最不坏的选择。就研究取向而言，与海德堡的修昔底德研究完全不同的是，这些学者毫不怀疑修昔底德所提供史料的真实性，并直接利用修昔底德提供的事实和评价。就政策取向而言，**最热衷于引用修昔底德的是新保守主义的美国外交政策批评者**。

新保守主义的兴起依赖于冷战后的两项发展：一是对国际关

系理论的怀疑，二是弥漫的乐观心态。一方面，冷战期间发展起来的国际政治学理论（主要是与行为主义科学相关的理论进路）没有能够预测到冷战结束，这使得敏锐而有影响的历史学家如约翰·加迪斯转而呼吁远离理论，亲近历史。理论失去了研究者的信任。另一方面，冷战结束带来的普遍乐观情绪在某种程度上与第一次世界大战后的乐观情绪相类似，威尔逊主义重回美国，美国外交取向在例外主义和现实主义的持续摇摆中再次倒向了前者。这一趋势的后果是现实主义的理论与政策在这一时期不受欢迎。

新保守主义援引修昔底德这一风气的由来，也同时依赖于这两项事态发展。一方面，对国际政治学理论的拒斥和对历史教益的强调，鼓励政策批评者转向历史文本，绕过理论，直接援引。另一方面，修昔底德的作品作为古希腊经典文本，对于展现美国外交传统中的例外主义十分有用。这一路径的重要代表埃尔文·克里斯托早先并不引用修昔底德，冷战结束以后才开始频繁引用，而这时例外主义已经占据了美国外交思想的主流。

将修昔底德仅仅视为文本的趋势与将修昔底德视为特定对外政策古代理据的做法刚好南辕北辙。这提示我们，**中间道路或许是更好的研究途径**。一方面，如前所述，语言学转向对于探究修昔底德的政治理论确实可以发挥帮助，而现实主义理论是修昔底德研究实际积累与潜在贡献最大的领域之一。笔者认为，以修昔底德文本及其智识背景古希腊政治思想为思想资源，进一步研究现实主义理论的历史与未被发现的潜在理论，应当会有收获。另一方面，重启对修昔底德史书的现实主义阅读和理论归纳，能够有助于我们不再武断地将修昔底德提供的史实用于任何我们想要论证的政策，也有助于我们识别并反驳这种做法。

三　建议：创造且负责地参与世界文明接受史

从长远和深层的视角来看，我国的国际政治理论研究及话语体系建设不必避开西方概念，应当以中国对世界的观察及联系为问题和导向、以合乎科学精神的理论研究为基础，主动参与塑造属于人类共同文明遗产的各种概念与理论。

第一，**应当创造性介入修昔底德相关概念的塑造和传播**。修昔底德叙事复杂，线索多端，对多种阐释保持开放可能是其史书的根本特点之一。合格研究者完全可以对修昔底德的许多论断和叙事做出合乎情理的其他解释。

第二，**文明遗产属于全人类**。从西方世界内部来看，美国或者德国并非古希腊文明的直接传人，但都依靠合乎科学精神的基础研究增长了关于古代文明的科学知识，也都基于知识增长和创造性再生了相关话语体系。德国和美国古典学界在过去几个世纪的积极研究、主动介入，给古希腊文明传统增加了源源不绝的活力，同时也为德国和美国自身的历史及其解释增添了新的内容。面对属于全人类的文明遗产和古典概念，我们应该创造性、负责任地参与其中，因为真正的世界性大国是心怀世界、研究世界的，同时也是能够参与到人类文明遗产接受史当中的。

（中国社会科学院世界经济与政治研究所副研究员　李隽旸）

全球治理与中欧关系中的挑战与应对

——赴挪威、丹麦和捷克访问感想

本文要点：通过参加“第二届中挪年度学术研讨会”以及对丹麦和捷克的调研，笔者分析了在全球治理中的中欧关系面临的挑战与问题。为了应对传统多边贸易治理机制瘫痪、多边金融治理机构改革停滞、欧洲国家对“一带一路”倡议提出怀疑和对国家安全表示担心等挑战，中国应积极释疑增信，与欧洲国家一同维护全球治理多边机制；稳步发展国内经济，完善市场机制，减少政府干预；与欧洲国家加强沟通，在技术创新、标准、监管等领域展开合作。

2019 年 11 月 18—21 日，笔者随团赴挪威奥斯陆参加了“第二届中挪年度学术研讨会”。本次研讨会主题为“全球经济治理”，涉及贸易、金融、气候等方面。会议由笔者所在单位与挪威国际事务研究所共同承办，参会学者还来自南森研究所、挪威商学院、诺德兰大学商学院、奥斯陆大学、挪威科技大学等智库和高校。2019 年 11 月 21—25 日，代表团继续出访丹麦和捷克，拜访了丹麦国际问题研究所（DIIS）等知名智库机构、丹麦的部分官员以及华为公司等中资企业，就全球治理和中欧关系等问题进行了交流。

一　全球经济治理

在全球贸易治理方面，应进一步发挥世界贸易组织（WTO）在全球贸易治理中的作用。中方学者认为 WTO 难以发挥作用，一是因为其谈判职能受阻，全球价值链和数字经济的规则无法通过多边谈判建立；二是美国放弃了对 WTO 的领导权，争端解决机制遇到了困难；三是主要成员国在 WTO 改革方面存在很大差异，令其改革难以推进；四是大型自由贸易协定的存在可能意味着主要经济体推动 WTO 改革的动力减弱。在这种情况下，**中国和欧盟应努力在规定时间内完成中欧双边投资协定的谈判**，以期推进中国和欧盟迈入大型自由贸易区的目标。此外，**中欧应合作维护 WTO 正常运作，共同促进 WTO 改革**。

特殊与差别待遇问题是 WTO 的核心问题之一。挪威学者指出，挪威官方在 2019 年上半年向 WTO 递交了挪威关于特殊与差别待遇的建议。挪威官方和学者都认为，特殊与差别待遇的来源有特定的历史背景，当前针对此问题的争论更多是政治问题，很难在各国间达成共识。因此，**不应该将争论聚焦在没有结果的发展身份认定和特殊与差别待遇的取消上，而应该采取一事一议的**

原则，针对具体谈判议题，WTO 各成员协商自身应承担的责任，这样更加务实，也更容易解决问题。

在全球金融治理方面，全球金融安全网和金融科技涉及的全球金融治理问题受到关注。中方学者分析了当前全球金融安全网面临的问题并提出了治理建议。全球金融安全网的问题，一方面在于国际货币基金组织（IMF）在全球金融安全网中处于核心地位，但其可用金融资源面临下降的风险；另一方面，区域金融安全网以及双边货币互换等在国际金融危机后得到有效提升，但并非所有国家都能得到有效保障。**为完善全球金融安全网，应继续强化 IMF 在全球金融安全网中的核心地位**、完善其与区域金融安排的合作框架、进一步强化二十国集团（G20）在完善全球金融安全中的协调推动作用等。

中方学者指出，当前全球跨境支付体系由传统发达国家主导建立，发展中国家难有话语权。**数字货币为重塑全球跨境支付体系带来机遇**，以比特币为代表的私人数字货币已经被广泛应用于跨境支付活动。相比价格波动剧烈和不受监管的私人数字货币，法定数字货币为重建全球跨境支付体系提供更优选择。**跨境支付体系重塑可以采用由 IMF 主导的多边模式、由主要大国主导的区域模式以及多边与区域共行的模式**。

在全球气候治理方面，中方学者分析了全球气候治理的未来趋势以及中国在全球气候治理中的角色。**由于美国退出《巴黎协定》而产生的恶劣影响，中国也面临非常大的道义压力**，因为针对气候变化的各项政策和行动都可能被国际社会以是否符合“负责任大国”的标准进行解读和评判。与美国相对照的是，中国应对气候变化的步伐坚定，节能减排、低碳环保事关国家重大利益。加快能源结构转型，提高非化石能源消费比重，建立清洁、低碳、安全、高效的能源体系，已成为中国能源低碳发展的普遍共识。挪威学者指出，中国是巴黎气候协定的积极推动者，在应对气候变化方面取得巨大成就。尤其是碳市场的建设，中国不断摸索经验，并逐步向国际标准靠拢。尽管全国统一碳市场还处于初级发展阶段，但前景可期。**中国应继续吸取欧洲碳市场的发展经验和教训，完善碳定价机制，成为全球碳减排的重要力量**。

中欧应加强在全球治理中的合作。中方学者指出，近期欧洲形势的变化聚焦在政治、经济、社会和安全议题方面，主要表现为大选稳中有变、难民和恐怖主义等非传统安全隐患频现、经济复苏与潜在危机并存、英国“脱欧”进程缓慢艰难等方面。欧盟作为世界一极的能力和影响力有所削弱，美欧关系更为务实，俄欧关系有改善空间，中欧关系前景看好。就全球治理而言，各国仍需在货币、贸易、发展、安全领域加深合作以共同应对各种挑战。作为与欧洲存在广泛共同利益的行为体，**中国需要积极应对欧洲变局带来的机遇和挑战，培育中欧信任关系，推动“一带一路”与欧洲国家发展战略的对接**，共谋包容性发展和互利共赢的局面。

中挪双方很多学者认为，**欧洲局势的变化与中国的国际战略环境密切相关**。一方面，欧洲的变动为中国参与国际事务和全球治理提供了一定战略空间，中国要抓住机会窗口期，改善对外关系，提高外交影响力；另一方面，欧洲的变动也给中国未来开展对外交往、提高国家参与国际事务与全球治理的能力提出了新的未知挑战。面对欧洲形势变化，中国也需要采取相关举措更好地维护中欧伙伴关系，积极推动“一带一路”与欧洲国家发展战略的对接，实现包容性发展和互利共赢。

二　中欧双边关系

中欧双边关系总体保持稳定，但也有一些不和谐声音。丹麦政界有人认为，丹麦与中国具有良好的双边关系，但目前欧洲存在针对中国的质疑声，尤其是针对华为，这很大程度上是受中美关系影响。丹麦国际问题研究所的学者指出，过去五年中国经济实力显著增强，促使欧洲国家扩大与中国交往，双方共同探讨如何开展商业合作、如何共同学习。

然而，现今欧洲出现了许多安全维度的考虑，可能是由于中欧社会发展方式不同，涉及知识产权保护、法规制度等维度。如在人工智能领域，中国与欧洲的发展模式不同：**中国将人工智能提升到战略高度，在政府主导下发展；欧洲则采用更加去中心化的方式，通过法治来规范商业行为；美国也主要采取商业化的运作方式**。该机构研究人员还指出，包括丹麦在内的许多欧洲国家都加强了对关键基础设施和涉及国家安全的项目的投资规定。

欧方人员也十分关注“一带一路”倡议，但还有一些人对“一带一路”倡议心存疑虑。

三　参与全球治理和发展中欧关系的对策建议

在当今百年未有之大变局下，全球治理问题层出不穷，国际关系错综复杂。中国作为世界第二大经济体，应在维护全球治理和国际秩序中发挥积极作用。然而，中国在国际舞台影响力的增加已经引起西方国家的疑虑，因此应积极释疑增信，体现大国风范。

在全球贸易治理方面，中国既要争取广泛国际合作，也要提升国内经济韧性。我们要在国际上展现坚定不移地支持以 WTO 为代表的多边贸易机制的态度，同时表明在美国抛弃多边机制的情况下，中国开展的双边、区域贸易合作实际上是为维护全球贸易秩序、保护发展中国家贸易利益做出的努力。在此基础上，积极与欧洲国家和其他 WTO 的重要成员国合作推动 WTO 改革，并加强与其他发展中国家的双边和区域贸易合作。同时，中国要提升国内经济韧性。这一方面可令美国意识到通过搅乱全球贸易秩序不可能遏制中国发展，只会增加其他国家的不满；另一方面，国内经济稳定也可助中国起到全球贸易稳定器的作用，在全球贸易治理中赢得更多信任、发挥更大作用。

在全球金融治理方面，中国应积极推动全球金融安全网的完善，这包括进一步扩充国际货币基金组织（IMF）的金融资源，维护其在全球金融安全网中的核心角色，同时推动 IMF 的治理结构改革，提高新兴市场和发展中国家在基金组织中的地位。为把握金融科技创新机遇，我国应积极开展国际合作，把握国际技术标准走向，加强国际监管协作。同时，也要积极发挥民营企业的作用。除了为民营企业创新提供资金、税收等方面的支持，还可以考虑采取招标方式吸引民营企业参与一些政府主导项目的落地推广（如央行数字货币项目），并支持民营企业开展国际合作项目（如全球稳定币项目）。

对于欧洲国家存在的对“一带一路”倡议的质疑，**中国应采取以下措施**。

首先，**应当加强舆论宣传，展现真实的中国**。中国在国际上可学习西方媒体的活跃风格，主动发声展示中国形象、澄清事实。就“一带一路”倡议而言，要向世界说明中国也曾贫穷落后，但如今被广大发展中国家视为榜样并被邀请在这些国家投资，因此该倡议旨在促进世界共同发展，是中国勇于承担大国责任的表现。由于各国国情不同，在个别国家难免出现意想不到的问题，但这并非由“一带一路”倡议造成。

其次，**要加强与欧洲国家建立沟通机制，表明中国无意损害欧洲经济一体化**。实际上，中东欧国家经济发展乏力、人才流失会限制它们融入欧盟，中国帮助这些国家开展经济建设，在一定程度上有助于促进欧洲团结。

再次，**中资企业要充分了解欧洲国家的政策法规、质量标准**

和环保要求。在投资和运营过程中，中资企业应当遵守当地法规，尽量避开敏感领域；遇到争端要按照当地程序处理，尽量做到公开透明地解决问题。

最后，**针对欧洲国家对安全问题的顾虑，中国需要完善市场机制，并加强中欧技术合作**。中欧双方在发展模式上的差异是由历史、文化等方面因素造成的，中国无意涉足欧洲安全问题。从改革开放以来，中国一直致力于减少政府在经济中的干预程度，强化市场机制的作用。中国还可以适当参考和学习欧洲国家国有企业的运营模式，以打消欧洲国家顾虑。

同时，**在一些符合双方利益的关键技术领域，中欧也可以考虑加强技术合作**。一方面，**双方可以共同开展技术创新活动**。中欧在创新资源和创新领域存在互补，加强技术合作不仅有利于推动双方技术发展，还可以增进对彼此的技术了解、减少猜疑，令美国的不实言论不攻自破。另一方面，**中欧可以在技术标准和监管方面展开合作**。这将有利于促进技术变革背景下的全球安全，也有望在无形中促成中欧在技术安全领域的合作。

（中国社会科学院世界经济与政治研究所助理研究员　宋　爽
中国社会科学院世界经济与政治研究所副研究员　熊爱宗）

中美贸易摩擦背景下的中马经贸关系

——赴马来西亚学术交流体会

本文要点：美国贸易政策将引发全球贸易规则的根本性转变，贸易保护主义和单边主义不利于东盟地区经济和贸易的发展。由于全球第五次制造业大迁移和近期中美贸易摩擦背景下跨国企业规避风险的考虑，马来西亚吸引外资正在迅速增长。中国应该重视全球价值链重构的契机，充分利用数字经济等新行业、新领域，挖掘中马之间深层次的经济技术合作潜力。中国应努力推动建立区域全面经济伙伴关系，与马来西亚一起共同加速构建新的、更具包容性的亚洲地区价值链。中国与东盟国家之间的经贸合作大有可为。

2019年12月15—19日，中国社会科学院代表团一行7人赴马来西亚战略与国际问题研究所（Institute of Strategic and International Studies，ISIS），与马方共同举办第四次中马智库论坛“中美贸易摩擦背景下的中马经贸关系”，并走访调研了马来西亚投资发展局（Malaysia Investment Development Agency，MIDA）、马来西亚雪兰莪州政府下属智库 Institute Darul Ehsan（IDE）等机构。双方学者围绕“全球经贸形势与中美贸易摩擦”“马来西亚的外资发展新机遇及其启示”“中马双边关系”三大主题展开讨论。

一　全球经贸形势与中美贸易摩擦

中马双方代表均对中美贸易摩擦对世界经济、亚太经济带来的不确定和风险表达了高度的关注。与会专家的主要观点包括以下三点。

第一，中美贸易摩擦逐渐升级，美国的贸易政策向“管理贸易”和保护主义转变，对世界经济和全球贸易带来巨大的挑战。马来西亚国际问题研究所的学者拉斯塔姆强调，在当前全球贸易摩擦升级、世界经济不确定性因素加大的背景下，亚太地区贸易受到了明显的负面冲击。中美贸易摩擦将导致全球贸易结构发生根本性的改变，短期内可能由于“贸易条件”变化，总体福利略有改善，但从长期来看，国际市场价格混乱，将会对其他国家同样造成汇率、价格的冲击。

第二，中美贸易失衡是全球产业链分工的反映，中美贸易摩擦对中国、美国以及东盟均造成了不同程度的福利损失。全球价值链的分工模式导致了“出口在中国，附加值在外国，顺差在中国，贸易利得在双方”。根据彼得森国际经济研究所（PIIE）预测，2019年12月之后，由于施加关税和中国的反制措施，美国总福利将减少0.21%（约为440亿美元）。马来西亚战略与国际问题研究所郑凯文博士指出，**美国贸易政策将引发全球贸易规则的根本性转变，贸易保护主义和单边主义不利于东盟地区经济和贸易的发展**。根据他的测算，马来西亚出口中约527亿美元、共计549种产品将受到中美贸易摩擦和加征关税的影响，约占马来西亚对华出口的83%，其中电子和电气零部件及设备、食品和饮料相关产品、工业化学品和金属，以及石油和棕榈油等能源相关产品受影响最为显著。

第三，东盟的多数评论人士对中美第一阶段协议持谨慎的态度。2019年12月13日，中美就第一阶段协议文本达成一致，但协定并没有给出美方何时取消关税的具体时间表，目前的协定只是达到了“暂时的缓解”。马来西亚主权财富基金国民投资公司（PNB）宏观经济部高级经理迈瑞肯博士指出，受全球产业链和地区供应链的影响，美国对中国产品加征关税也必然会影响着东盟上游产品、中间投入品等出口。**中美第一阶段协议带来显著的贸易转移，这种贸易扭曲将对东南亚出口造成负面影响**。东盟国家中菲律宾和新加坡同样受到较为显著的冲击，分别有82%和66%的对华出口受到第一阶段协议的影响。菲律宾受到冲击的高风险出口产品主要是农产品，如椰子产品、水果和坚果。新加坡受冲击的出口产品主要包括电子产品，如磁盘驱动器，以及苯酚、石油和有机化合物等工业化学品。而越南和泰国受到的影响相对较小。

二　马来西亚吸引外资的新机遇

中美贸易摩擦带来了全球经济震荡，全球价值链、产业链、供应链正在加速重新布局，这对于坚持开放为导向的马来西亚产生了何种影响？马来西亚吸引外资时面临哪些新的机遇与挑战？中国社会科学院代表团与马来西亚投资发展局（MIDA）、马来西亚雪兰莪州政府下属智库达鲁益山研究所（IDE）的专家就以上问题进行讨论。

马来西亚投资发展局是马来西亚政府促进制造业和服务业的主要机构。MIDA 通过提供广泛的服务，帮助公司寻找合资伙伴，帮助拟投资公司，促进项目的实施。MIDA 最新统计数据显示，2019 年全年，马来西亚吸引了来自美国、英国等共计 13 家高科技和高增值跨国企业，投资额达 22 亿林吉特（约 37 亿人民币）。**美、欧、日等发达国家仍是马来西亚吸引外资的重要来源**。2020 年第一季度，马来西亚吸引外资达 293 亿林吉特（约合人民币 487 亿元），比 2019 年同期增长 73.4%。其中，马来西亚制造业吸引外资达到 202 亿林吉特（约合人民币 336 亿元），比 2019 年同期增长 127%，成为拉动投资增长的最主要因素。**2020 年第一季度，中国对马来西亚的投资增速显著提高，仅次于美国，位居第二**，但投资行业为塑料、纸张等传统制造业，高科技行业的投资略弱。

马来西亚的区位综合优势显著，具备良好的贸易基础和丰富的人力资本，制造业发展拥有广阔的经济腹地，这些因素成为马来西亚吸引外资的独特优势。MIDA 主席马吉德先生指出，2010 年马来西亚推行了经济转型计划，致力于发展为东盟的“制造业 Hub”，希望建成继新加坡之后东盟的第二大核心枢纽，鼓励高新技术和高端制造业领域的投资。得益于精准的定位和有效的配套措施，金融危机后，马来西亚吸引外资取得了显著的成果。雪兰莪州参议员海瑞迪先生指出，2019 年雪兰莪州成为马来西亚吸引外资最多的州，主要得益于高端制造业、建筑业以及与之相匹配的服务业这三大领域外商投资的高速增长。

MIDA 投资促进部执行主任桑德莱先生和 MIDA 战略策划部主任祝伟明女士指出，当前**马来西亚吸引外资受到了长期因素和短期因素的双重影响**。**从长期看，正在经历的全球第五次制造业大**

迁移成为马来西亚吸引外资的历史性机遇。对企业而言，产业转移主要基于几大因素的考虑：一是以劳动力成本为代表的生产成本；二是以当地税收、信贷、土地等优惠政策为代表的营商环境；三是当地的产业配套能力；四是当地的人力资源水平以及靠近市场原则。与新加坡相比，马来西亚具有广阔的经济腹地和更加充足的劳动力，与越南、柬埔寨等东盟成员国相比，拥有完善的基础设施建设、高素质的人力资本、具备发展中高端制造业的比较优势。马来西亚力推“国家工业 4.0 政策”（National Policy on Industry 4.0），推动高质量投资的快速增长，以高附加价值、知识密集、技术密集、资本密集的高端制造业为主导。**从短期看，中美贸易摩擦背景下发达国家的投资转移是近两年马来西亚外资快速增长的关键性原因**。基于政策不确定性的上升，欧美发达国家的跨国企业规避风险，正在逐步减少对中国的供应链依赖。作为一个开放的小型经济体，马来西亚成为这些跨国企业重新布局亚洲供应链网络、扩大投资的重要目的地。英国经济学人智库（Economist Intelligence Unit）调查报告显示，马来西亚有望成为信息通信技术和自动化产业的领先国家之一。2020 年第二季度，马来西亚制造业采购经理指数实现了自 2018 年 9 月以来的首次改善，恢复生产扩张。强大的物流网络和良好的商业环境也是此轮跨国公司产业转移至马来西亚的重要原因。

三 中马合作中更广泛的议题

马来西亚国际问题研究所的主席拉斯塔姆指出，中美贸易摩擦不仅仅是经济问题，更是关系全球格局的国际政治问题。**未来中美之间大国博弈的升级，将对东盟国家带来更多风险和未知不确定性**。在关注美国经济贸易政策的同时，马来西亚学者对中国的经济发展政策、社会发展和民族政策、外交政策等同样表达了高度的关注，在“一带一路”、新疆发展议题、区域合作等方面，与中方学者进行了坦诚对话与交流，表明了马方对以上议题的立场。

第一，关于“一带一路”。战略与国际问题研究所（ISIS）洛克曼博士指出，**马来西亚是海上丝绸之路的重要国家，也是最早响应“一带一路”倡议的沿线国家，**“一带一路”建设将为马来西亚经济带来巨大商机，马来西亚能够通过参与“一带一路”建设成为中国进入东南亚市场的跳板和协调者。马中关丹产业园和广西境内的中马钦州产业园的成功运行，充分体现了“一带一路”巨大的带动作用。未来，中国应当进一步细化“一带一路”相关政策。**如“一带一路”项目如何遴选，项目应符合哪些标准才能够被优先选择，入围的项目享有哪些优惠政策（如亚投行贷款）等，具体的细则和政策阐释应更加透明**，亚投行可以向世界银行学习基础设施建设项目的管理经验。

第二，关于与中国新疆维吾尔自治区的合作。战略与国际问题研究所高级研究员纳格莱指出，马来西亚是多种族、多文化、多宗教的国家，全国约有61.3%的人口信仰伊斯兰教。马来西亚学者认为，中国在新疆维吾尔自治区的发展问题上做出了巨大的努力，比如组织马来西亚官员、学者赴中国新疆维吾尔自治区访问，实地参观了解新疆经济社会发展情况，这对理解中国的少数民族政策、宗教政策很有帮助。**未来双方还应当加强民间、学者、宗教等方面的进一步交流**。

第三，关于区域合作。战略与国际问题研究所公共关系部主任载纳尔表示，中国和马来西亚在亚洲、东南亚区域合作中均承担了重要的角色。中国与东盟的经济合作正在迈向新的台阶，中国与马来西亚之间贸易和产业的互补性会日益加强。尽管存在海洋权益的分歧，但两国关系仍是合作大于冲突，在地区和平、经济繁荣、政治互信、文化相通等方面拥有共同的利益。洛克曼博士认为，从低敏感领域，如环保合作、非传统安全合作等入手，可以最大限度地推动双方达成共识，搁置争议，促成地区合作。

四 启示与政策建议

双方学者在重大问题上的深入交流，有助于我们更好地理解马来西亚学者如何看待中美贸易摩擦、中国对外政策等，对中国的政策制定和实施有一定的启示。面对复杂多变的国际形势，中国与马来西亚双边的贸易往来、产业合作、经济技术合作具有更加重要的现实意义。

第一，中美贸易摩擦冲击了自20世纪90年代以来形成的全球价值链，但另一方面，也为塑造新的亚洲地区价值链带来了机遇。特朗普退出跨太平洋伙伴关系协定（TPP），大大降低了美国在东盟的信誉和威信，单边保护主义的贸易政策有悖于马来西亚坚持开放、支持自由贸易的导向。构建新的、更具包容性的亚洲地区价值链，符合马来西亚和中国的共同利益，双方具有强大的合作意愿。**中国与包括马来西亚在内的东盟国家之间的双边贸易、投资大有可为**。中国和东盟互为第一大贸易伙伴，互为重要的投资合作伙伴。区域全面经济伙伴关系（RCEP）的签订将进一步推动中国与东盟国家的深度区域经济合作。

第二，马来西亚的外资增长不会对中国构成威胁，中马双方更应在高科技、智能制造等新领域拓展合作。对中国而言，不能简单地认为马来西亚外资的迅猛增长意味着对中国的竞争。笔者曾在2019年9月参与中国社会科学院的国情调研项目，跟随课题组赴深圳、浙江台州、福建厦门等多地走访。实地调研发现，中国东部沿海的产业转移在2008年国际金融危机之后就已经发生，劳动力密集型的企业（如纺织服装业）主要是转移到越南、柬埔寨等国。马来西亚并不是简单劳动密集型企业的转移目的地，而一些细分领域的龙头企业，如医疗保健、农产品加工，基于进入东南亚市场、并购供应链上游等考虑，战略布局已经在海外落地。2020 年是中国—东盟数字经济合作年，数字经济将为中国和马来西亚之间的经济技术合作、产业合作创造新的契机。

（中国社会科学院世界经济与政治研究所助理研究员　张　琳）